悦读好故事系列丛书

琉璃冰块

LIULI BINGKUAI

郑武文◎著

安徽师范大学出版社
·芜湖·

图书在版编目(CIP)数据

琉璃冰块 / 郑武文著. — 芜湖 : 安徽师范大学出版社, 2017.3
(悦读好故事)
ISBN 978-7-5676-2700-0

Ⅰ. ①琉… Ⅱ. ①郑… Ⅲ. ①故事 - 作品集 - 中国 - 当代 Ⅳ. ①I247.81

中国版本图书馆CIP数据核字(2016)第311074号

琉璃冰块　　郑武文◎著

责任编辑:胡志恒
装帧设计:任　彤
出版发行:安徽师范大学出版社
　　　　芜湖市九华南路189号安徽师范大学花津校区
网　　址:http://www.ahnupress.com/
发 行 部:0553-3883578　5910327　5910310(传真)
印　　刷:浙江新华数码印务有限公司
版　　次:2017年3月第1版
　　　　2017年3月第1次印刷
规　　格:700mm×1000mm　1/16
印　　张:15
字　　数:207千
书　　号:ISBN 978-7-5676-2700-0
定　　价:35.00元

如发现印装质量问题,影响阅读,请与发行部联系调换。

有故事的小说人(代序)

高　阳

小说和故事有什么区别,这是一个争论已久的问题。比如小说是来读的,故事是来讲的;或者是小说是写人的,故事是写事的;小说注重文学性,而故事则更侧重口语化……

然而世界上任何事情都不是孤立的,特别是莫言获得了诺贝尔文学奖以后。莫言是谁,一个小说家,一个纯文学的创作人,但是在获奖的时候,他却自称是一个讲故事的人。因此在莫言那里,小说跟故事是可以放在一起讲的。

同样,四大名著有三部都是在讲故事的。先是在民间流传,通过说书人、唱戏的反复传诵,其中跌宕起伏的情节,脍炙人口的演绎,扣扣相连,包袱不断,深受人民大众喜爱,最后由三位大师综合起来……

记忆中武文兄是以纯文学的小说为主,不知何时竟然弄起了故事,而且成绩不菲,只在2015年的这半年就在《故事会》发了三篇了,而且是在故事类的标志性刊物上频频亮相,多次被《民间故事选刊》等杂志转载。

在多种传媒的冲击下,无可厚非的是纯文学刊物日渐低迷,有些大牌的省级杂志发行量也只有一两千册,成了一个自娱自乐把玩的圈子。而《故事会》这样一本小小的杂志却能每期发行几百万册,这不能像某些人说的是国人阅读水平的降低,而且中国几十年的义务教育,文化水平普遍提高,这已经不是以前任何一个时代可比的。

这就使我们这些文学爱好者不免发生思考，造成这种现象的原因是什么？我们应该写什么样的作品来适应时代？武文兄在这方面下了功夫，他想获得一个切入点，将小说和故事相融合，使文章读起来既不失小说的韵味和厚重，又有故事的一波三折、扣人心弦。他在这方面做了尝试，并且取得了成功。

郑武文人生最美好的时光，从21岁到35岁，是在一家国营液压件厂度过的；他亲身经历了20世纪90年代至21世纪初期国营企业改制、转轨历程中艰难困苦的阵痛，见证了许许多多为国营企业付出一生心血的人们在转型阵痛中苦命挣扎。因此，他的创作中出现以企业和企业中的人物为题材的作品是很自然的事情，更因为他最青春善感的年岁是在一家国营企业中流逝的，所以他的这类作品包涵着他更多的情感与思索。同时他又是一个农民出身，也亲身经历了农村的大变革，下岗以后自己创业，其艰辛经历更是常人所不能理解。这丰富的经历，在当时可能感觉是一种苦难，可同时也积聚了一种阅历，使他有了人生沉淀。此书精选了武文兄发表在各地市级以上刊物的作品六十余篇，意味隽永，一波三折，都是难得的佳品，读来一定不会让你失望……

武文兄还是一个善于学习的人，在其作品中我们能看到他一步一个脚印前进的步伐。我们祝福他，走得更远……

2015年9月

目　录

第一辑：山水之间

第二辑：琉璃冰块

第三辑:父亲的平安夜

第四辑:我没想跳楼

第一辑

山水之间

第一辑

功　　名

清风摇曳,蝉鸣学堂,却压不住学童稚嫩的朗朗读书之声。

先生轻摇小扇,眼睛半眯,脑袋随着读书的频率缓缓摇动。蒲家庄的学堂,虽系僻壤一角,先生却极具个性。

县太爷坐着小轿来到,随从人员喊一声"闲人回避",先生才轻抬眼角,拱一拱手:"父母官来了,里面请。"知县哈哈大笑:"学兄还在诲人不倦?"先生也笑:"请勿耻笑。小生虽才不及大人,定能教出一两个学生,将来为龙为凤,令大人刮目相看。"

知县又笑:"但愿但愿。"遂拿起桌上小盅,兀自轻啜一口。知县与先生本是同窗,同窗之时不分伯仲,可知县一朝高中,放为命官,先生却屡第不中,只好在此教书。

知县又指着这些学童问:"此中可有卧龙雏凤?"先生把头一挺,指着前排两个学生,浩然道:"此名蒲留仙,此名姚明强。此二人绝非久居池中之物,他日定然飞黄腾达,功成名就……"

知县哈哈大笑:"好,我等着,到时定然再来给学兄祝贺。公务繁忙,就此别过。"先生也笑,拱手:"送大人。"

如此过了几年,方逢大考,弟子们去应童子试,那蒲留仙果然不孚重望,一举夺得县、府、道三个第一,方圆百里皆震惊,传为神童。知县闻听,也坐轿前来,亲给学兄祝贺。

先生领着弟子,昂首阔步,自觉志得意满,算是好歹也赢了知县一把。酒席之间,亲命留仙敬酒,却不见了另一个得意弟子姚明强。

酒席散后,先生亲自去到姚明强家里,却发现明强正在垂泪。先生说:“童子试及第,本应高兴才对,怎么反倒流起泪来了?”姚明强道:“我与那蒲留仙,诗词文章不分上下,平时先生更是多看我三分,却为何人家三个第一,我却是榜上末名。既生瑜何生亮啊!”

先生道:“此言差矣。考试本就多偶然,各人又侧重不同。偶尔落后,并不代表水平有差。况且运筹帷幄瑜不及亮,排兵布阵亮不及瑜。若无周瑜,亮借得东风又如何?而若无亮,东风来时瑜尚在酣睡,又怎能成就千古功名?”

明强慨然,点头称是。

后张献忠作乱,杀川中百姓十之六七。作乱平息时,川中大片耕地荒芜。姚明强便随家迁往川中,此后依旧苦读不舍,终于金榜题名,自知县一直做到阳州知府。期间,姚明强一直打探蒲留仙消息,无奈所遇家乡之人都摇头不知。转眼已近古稀之年,姚明强辞官回家,再无公务繁忙,心中却愈发思念故乡,于是不惧旅途劳累,亲回蒲家庄。

故乡故土,历历在目,家乡父老,却已不识故人。感慨之余,他又找到了童年好友蒲留仙。昔日才子,如今满面菜色,脸上沟沟壑壑的皱纹如同山丘叠乱,柴屋漏风,家徒四壁。

看到故人来,留仙苦笑一声,用缺了半边的茶碗端上半杯苦茶。明强握住那干柴一般的双手,忍不住流下几滴眼泪。留仙却泰然,谈吐依旧不卑不亢,颇有君子之风。

其时先生已经告老还乡,闻言如今尚健在,两人相约,去拜见先生。先生已近耄耋,鹤发童颜,长须飘飘,见到昔日得意弟子,竟能朗声大笑。二人皆先言自愧，辜负先生厚望，多年竟没能来探望。

先生言道："虽不来，你二人所做之事，老夫倒是都知道。现在请把你们的得意之作给我看看，可有进步。"蒲留仙先献上厚厚一本，先生看时，明强也拿过一卷来看。明强看罢，摔到案子上："读书之人，当以社稷为重，做的文章应有益于国家。写些如此鬼怪狐仙，岂是读书人所为？玩物丧志，难怪误了功名。"

先生又看过姚明强文章，措辞华丽，中规中矩，诗词歌赋，一股文人酸气，正是当今盛行文体。

先生看后，微闭双目，拈须沉吟，长时不语。突然猛睁双眼，言道："功名者，功在社稷，名传四野，乡人称道，路人艳羡，可此只不过小功名啊。"

姚明强问："那何为大功名呢？"先生道："大功名者，功立当代，名扬后世。留仙将是大功名者。"

姚明强不屑："后世之事，我等岂又知晓，只不过随占卜者乱说。今世功名，光宗耀祖，又庇荫子孙，能见能摸，才应为真功名。"

留仙摇头苦笑。先生亦不语，端茶送客。

三百年后，蒲家庄建了一个纪念堂。导游给大家作介绍："这里纪念的蒲留仙，名松龄，世称聊斋先生。著有文言文短篇小说集《聊斋志异》，被称作世界短篇小说之王。郭沫若题字：写鬼写妖高人一等，刺贪刺虐入骨三分……"

有游人问："听说他有个同窗，做过阳州知府，也颇有文采，给我们介绍一下行吗？"导游的脸一红，说："抱歉，这个我还真不知道……"

神　方

广生堂是阳州最大的中草药铺，掌柜孙成仁却是名奸商。

孙成仁膝下只有一女小莲，长得貌美如花，而且心地善良，只可惜得了一种怪病：食欲正常，人却日渐消瘦，而且常常腹痛难忍。

孙成仁守着满药铺的好药却治不了宝贝姑娘的病，孙夫人更是整日哭哭啼啼。

万般无奈，孙成仁贴出告示：如果有人能治好小莲的病，年轻的愿招为女婿，年龄大的情愿将药铺一半赠送。

一日管家领进一人，自言能治好小莲的病。孙成仁看来人仪表堂堂，急忙问道："先生高姓大名？师承何人？"

来人答道："小生姓李名茂成，所学医术皆为祖传……"

孙夫人领李茂成来到小莲闺房：那小莲虚脱得已经没了人形，三分像人七分像鬼了。李茂成看看，低声对孙成仁说："小姐的病不轻啊，要下重药，不知孙掌柜是否舍得？"孙成仁说："没有什么不舍得？药铺里的药，你随便用就是。"

李茂成开出方子：板蓝根500斤，金银花600斤，石膏粉1000斤……孙成仁说："这些东西怕是我们广生堂的全部存货了，就是做成药，我们小莲哪一年才能喝得完？"李茂成说："做药只取精华，也就每天几个药丸而已。"孙成仁吩咐伙计:“照单搬出来让李先生做药丸。”

李茂成却说:“此方需要秘制,要搬到我住的悦来客栈,和伙计们研制。”孙成仁说:“不是我信不过李先生,这几种药现在价格很高。”李茂成说:“这个你放心,我先让伙计们拉回去,我就留在广生堂做些药引子。”

孙成仁不好再说什么,眼看着装了好几马车,被人拉走了。

次日一早,孙成仁就催着李茂成去配置药丸。

来到悦来客栈一看,哪里还有李茂成的伙计?问问客栈老板,昨晚早赶着马车走了……

孙成仁一下子就急了。李茂成却微微一笑:“这一切都是跟你学的啊。当年你不是给一个老乞丐穿上新衣服作抵押,骗了人家一大批草药吗?”

孙成仁恼羞成怒,扭送着李茂成就去了县衙。县太爷听孙成仁讲完事情的经过,大喝一声:“来人啊,先将刁民李茂成重打五十大板,然后收监……”

李茂成微微一笑,说道:“且慢!孙掌柜只讲我骗他的草药,并没讲我给他女儿医病一事。……”

李茂成又一指孙成仁:“小姐的病,只因你多做恶事,为富不仁,尤其可恶的是百里外的尚州发生瘟疫,百姓内生肝火,外长恶疮,死者无数,而医治瘟疫的去瘟解毒散的主要配料就是板蓝根、金银花、石膏等,可是你孙成仁囤货居奇,哄抬物价,大发不义之财,因而引起天怒,遭了天谴,结果报应在了小姐身上。救活了灾民,则小姐无需药物,不日即可痊愈。”

孙成仁鼻子都气歪了,说:“简直是一派胡言!你把我等看成三岁小孩不成?”

李茂成说:“大堂之上,县太爷作证。小姐的病无需药物,只需河泥一堆,两个疗程必将病除,到时如果不好,还请县太爷一块治罪!”

县老爷自己都气乐了:“敢情你是济公活佛下凡不成,用河泥就能治病？我倒要看看你能不能治好小姐的病，如果治不好必将重治于你！”

孙成仁说：“大老爷且慢，我倒要问问这两个疗程是多长时间啊？是一月还是一年，甚或十年八年，岂不让你看守不严时乘机逃脱？”

李茂成说：“多则二十天，少则半月，小姐必能痊愈。不过还需要一点药引子，就是圆铃枣五斤……”

孙成仁说：“这个好办。”

回到广生堂，李茂成让人挖来两堆河泥晒干，把圆铃枣煮熟去核碾成泥，和着河泥做成丸子，每日数次给小姐服用。

几天之后，小莲小姐面色开始红润。不到半月，小莲已经腹部不疼。二十天后，一个袅袅娜娜的漂亮小姐已经恢复如初了。

孙成仁也不得不信天谴之说了，从此不再敢做坏事，诚信经营。

李茂成跟小莲日久生情，又有前约，孙成仁自然成全了他们。洞房夜，小莲偎依在李茂成的怀里，忍不住问：“我长病真是我爹做了坏事，报应到我身上遭天谴吗？”

李茂成多饮了几杯，忍不住哈哈大笑：“爱妻所得之病，皆是因为饮用了广生堂前面树林子里的生泉水，泉水中有蚂蟥的卵，卵在体内适宜温度下变成了成虫，吸附在肠胃壁上，吸食你的血液，使你腹痛、消瘦……一般的药物很难将它们打下来，可蚂蟥喜欢淤泥，又爱甜食，见到带有甜味的淤泥，纷纷钻进去美餐，而淤泥又不能消化，于是便被排出了体外，你也就好了。”

醒　琴

古城有个叫周长风的人,祖上留下了万贯家财,可是周长风不爱金银,也无意功名,独独对古琴情有独钟。

为了便于搜罗交换古琴,他还在古城开下了一家琴店,而更多的时候却是在别墅竹园,与三五好友焚香煮茶,弹琴高歌。

一天听到有人相传,说是百里外的沂山腹地,也有一个爱琴的人,名字叫庄雨亭,家里藏着一把古琴,据说是唐朝的东西,并且珍爱有加,从不示人。

选了个好日子,周长风稠衣布鞋,轻车简从,来到庄雨亭的家。那庄雨亭虽然是个山野中人,然而长髯白面,也有一股仙风道骨之气,见到周长风并无异讶,从容煮茶待客。

二人谈古道今,很是有相见恨晚之感。不知不觉太阳落下去了,庄雨亭让下人端上晚饭,也无非是野菜野禽,却是美味无比。等到了掌灯时分,周长风才不好意思地说:“听说老兄有一把古琴,能不能让小弟有幸一看啊?”

庄雨亭说:“与周兄半日长谈,知老兄也确实是一个爱琴的人。此琴我一般不示人,但若不让贤弟看看,还真怕委屈了此琴。”

于是起身进到里屋,拿出一个琴盒,脸上却满是凄婉之色:“不瞒老兄说,琴是好琴,只可惜,却是一把哑琴。”

周长风双手接过来，放于灯下细细观摩，很长一段时间，才长舒一口气：“琴不是哑琴，是一把睡琴。”

庄雨亭笑道：“贤弟开玩笑了。不瞒贤弟说，刚开始我也以为是一把睡琴，想了许多唤醒的办法，都不曾奏效。”

周长风说：“说句不怕老兄见怪的话，当年俞伯牙琴技高超，却无人能听懂，偏偏是一个砍柴的钟子期，闻琴而叹：巍巍兮若泰山。少顷又说：洋洋兮若流水。等到钟子期死了，俞伯牙就把琴摔了再也不弹，只因为知音已去啊。此琴不鸣，是因为缺一知音啊！”

庄雨亭正色道：“贤弟说得很对，贤弟若能将琴唤醒，情愿相赠。”

周长风道：“君子不夺人之爱。今日一见，也算是有缘，小弟倒愿意试一试，但愿能把它唤醒吧。”

于是定在三日后的月圆之夜，周长风沐浴更衣，焚香而拜，又把古琴用绸布细细擦拭，然后自己将中指划破，让鲜血滴在琴弦上，又躺在长榻上，抱着琴，用手抚着琴弦，用身体温暖琴体……

第二天早晨，用手一抚琴，琴声清脆悦耳，绕梁三日不绝。有个牧童骑着牛回来，牛听到琴声，竟然足底生舞。听到的人都说琴声如仙乐一般……

阳春三月，绿柳含金，连翘迎春，姹紫嫣红。青州衡王府，墙内秋千墙外古道，秋千之上佳人笑，笑语清脆，佳人忍不住婉转清歌。

院外古道上，一个踏青的人匆匆而行，听到歌声，忍不住抚琴而和。

琴声歌声，悠扬和谐，引得春风止步，虫鸟不鸣……

自此也种下了一颗相思的种子。

来年衡王府招亲，不论贫富功名，只以古琴为信物。纨绔子弟，拿着琴来求亲的无数，郡主只是摇头叹息。终于有一天见到了一古琴，用手指一试，铿锵之声若仙乐一般。郡主颔首微笑，问琴的主人，正是沂山人庄雨亭。衡王不高兴了，无奈郡主绝食抗争，也只好依了她。

一天到沂山腹地看看，青翠绝峭，风光旖旎，郡主很高兴。衡王随即修了进山的路，铺石架桥，便于郡主往返。又送上几百个仆妇，金银无数，只怕委屈了郡主。

过不了几年，庄家已成了沂山的第一大户，家里有良田房屋无数，又是皇亲国戚，声名远镇，只可惜郡主每天看着古琴，却一直没有向往中的妇唱夫奏的神仙日子。

没过几年，竟然郁郁而亡，空留下白发苍苍的衡王流泪叹息。

每当月圆之夜，郡主坟上，总有一个人弹琴低吟，其音凄切，花鸟流泪，青山叹息。借着月光偷偷一看，正是那周长风。

原来那天借着庄雨亭的古琴春游，在衡王府外忍不住弹一曲，就归还了庄家。如今郡主死了，庄雨亭就将琴赠与了周长风……

又过了几百年，有一群青年到沂山探险，在一个山洞中发现了一把古琴，颜色像新的一样，琴弦的地方还像有鲜血，用手一碰，嘶哑无声。

于是拿到城内琴行，请懂琴的专家来看。一姓周的琴师说：“这是一把睡琴，几百年前曾被唤醒过。当今之世，因为没有知音，已是没有人能把它唤醒了。”

求　画

闲暇之余，县令喜欢执一柄轻罗小扇，布衣软鞋在潍河边漫步。

因公务颇多，等忙完大都已是黄昏，家家炊烟袅袅，处处倦鸟归林。

一日想到独在北方为官，妻儿却远在江南，吟出几句诗：

相思不尽又相思，潍水春光处处迟。

隔岸桃花三十里，鸳鸯庙接柳郎祠。

县令不禁多走出了几里，肚子开始不争气，兀自咕噜噜乱叫。此时恰好一股吸鼻的鱼香传来，县令的脚就不听自己使唤了。

泥胚小房没有院墙，一位清秀的老者正在院子里煮鱼。看到县令进来，呵呵一笑，并不多言，如同是邻居串门，只是拿了一个小凳请县令坐下。老者三缕长须，面皮白净，并不像农人，反倒似读书之人。相比之下，倒是县令黑瘦面皮，几根乱哄哄的胡子，更像风雨中谋生的样子。

二人坐下，略微寒暄几句，老者并不问县令从何而来，只是拿出粗瓷大碗，从锅里给舀上一碗鱼肉，再倒上半碗自酿的老酒。似心有灵犀，两人一碰，哈哈大笑。

夜色渐深，蟋蟀、青蛙不停鸣奏，却是月朗星稀，正是阴历的十五。县令得知老者确是读书之人，姓王，是一个落魄秀才，卖点字画为生，兼顾到面前的潍河里打点鱼虾，自己食用，虽是清苦，却也清闲自在。

县令怕老者惶恐，并不告知自己实情，只道江南之人来此做点生意，换取一个温饱。看看天色愈晚，方才起身告辞。

隔几日再来，县令自备了一些酒肉，把酒言欢，谈古论今，讲一些当地趣事，颇有相见恨晚之感。

县令有次来访，发现王秀才正在作画。县令在旁边观望，微微摇头，却不说话。过几天再去，问老者："王兄的画卖得可好？"王秀才苦笑一声，指指身后的画轴："生意颇苦，难抵米炊。"县令说："不怕得罪老兄。老兄的画，匠气颇重而力道不足，还需改进。"随即拿起案子上的笔，轻轻一描，顿显虬枝劲骨，力道遂出。王秀才不禁惊呼一声："先生神笔也，可否收小生为徒？"县令扶起跪拜的王秀才，呵呵一笑："收徒不必了，咱互相切磋，我倒可勉强指点一二。"于是教了王秀才几处地方，告知要循序渐进，就告辞了。

过了几日又来，看王秀才所画，并没长进，不禁叹了一口气说："看来王兄作画，还需要时间。在下不才，卖弄一下，给你画一幅图画，你只需每日临摹，过一段时间再说。"王秀才很高兴，拿来一张大宣纸，说："老叟眼有点花了，还请先生画大一点，看得清楚。"县令也不推辞，心说人到这般年纪尚且如此好学实属不易，只是尽力画好。

画的是一幅《墨竹图》：在月光下被清风刮得努力折向一边，却有一股宁折不弯的不屈之势，并有题词：一肩明月，两袖清风。

王秀才在旁边看呆了，待到最后，扑通一声跪到地上："父母官大人请盖印章！"县令哈哈大笑："缘何知道是我？"王秀才说："当今天下，能有此气魄、画工之人，除了潍县县令郑板桥再无他人。"

县令哈哈大笑："既然知道是我，也不枉我们相交一场，就依了老兄。"随即拿出印章盖上。

过了几日，郑板桥正在县衙处理公文，下人来报："钱府管家送来请帖，请大人到钱府赴宴，并特别交代：有宝贝要让大人看。"

这钱家钱德贵是潍县的大户，仗着家里有人在京城做官，一向不把地方官看在眼里。好在对郑板桥倒还客气，目的是能求郑大人一幅字画，且已经多次派人或者亲自来求。郑大人生性刚直不阿，最看不惯这些欺上瞒下、阿谀奉承之徒，因此一味推托。不过大人又生性好奇，听说有宝贝，忍不住就想去看看。

到了钱府，县里士绅豪族都已到齐，就等着郑县令来了开席。大家把县令迎进去，让到上座，钱德贵才说："钱某近日得了几件宝贝，想请各位给鉴别一下真伪。"大家随声附和："钱府哪件不是宝贝？能饱眼福，实则三生有幸……"

钱德贵先拿出几件瓷器，都是上好的唐三彩、宋瓷，让人大声惊呼。然后，钱德贵说："这些都不是最珍贵的，此有当朝名家一幅《墨竹图》，堪称力作，应为难得宝贝。只是在下尚不敢确定真伪。"随即展开。

郑板桥一看，脑袋一下子就大了：此正是几日前给王秀才画的《墨竹图》。早有几个人围过去，一边恭维，一边大声赞叹……

钱德贵更是得意忘形，来到郑板桥面前："郑大人，老夫所得字画，是您的画，还请鉴别一下真伪啊？"

郑板桥哈哈大笑："拿来我看。"几个人小心翼翼捧过来，郑板桥拿在手里端详了一下，随即迅速扯为碎片，扔进旁边的鱼池里，怒道："赝品！纯为辱我清名！"旁边的人来不及反应，刹那间目瞪口呆。好久，才有人说："可我们鉴定，确是大人真迹啊。"郑板桥脸一绷："荒唐！我自己的作品，难道真伪还要别人来说吗？各位请继续，老夫这就去查一下此事，辱我清名事小，欺骗钱老爷罪不可恕！"

随即头也不回，扬长而去。

神　医

明朝末年,时局动荡,天下不安。一天阳州西山突然天降异象,红光满天,经久不散。于是一个自称周公附体的名叫周一青的人横空出世,自称神灵给他传言,常人都无法听到,只有他能独享天机。

周一青也确实了得,不但深谙阴阳,熟解八卦,预测前程人生,更是一绝。当时天下大乱,闯王扫州掠县,杀贪官,除污吏,天下局势面临着重组,官员富户惶惶不可终日,急需一个对未知世界有所预测的人帮助做出判断。乱世出奇才,周一青出道不久,生意就相当好了。可他懂得张弛之道,规定每天只看十五人,且在一密室中单个相看,不让闲杂人打扰。初一、十五还要闭关打坐。越是神秘,趋者越多,很多远道而来的人必需待到第二日,甚或第三日才能挨上号,于是门口的闲房也热闹起来,有人开了客栈,做了生意,招徕那些等待的人。周一青更是以活神仙自居,时日一久,自是生了些骄横之气,而其又特好色,闲言也传出了不少。

却说在城东有一家名“再春堂”的药铺,开药铺的安家世代行医,到安同全已累五世。只是安同全虽是单传,却只求功名,一心想报效国家,去做大事,不愿安心于一小城悬壶济世,每日里把那《本草纲目》等书弃于一旁,只关心那些四书五经等道德文章,又独独喜欢呼朋唤友,大谈之乎者也,只可惜年年报考,年年落第,屡试不中,只急得家人常去求神拜佛,却又无可奈何。他的妻子张氏，本生于大户人家，知书达理，侍夫教子，甚是贤惠。当安同全又一次落第之时，并无抱怨，只是垂泪。第二日却突然暴病而亡，医不自治，安家一片哭声。

自此安同全痛改前非，开始潜心研究医术。他本生于世家，三岁其父就教他背《汤头歌》，每日里耳濡目染，又有学问垫底，“再春堂”多有临床医例，不几年就能独立看病，医术大有压过其父之势。

又过两年，其父病故，安同全主掌“再春堂”，又连续看好几个疑难杂症，名声远播。在阳州城，他已是数得着的名医了。

再说那神算周一青，早也成为当地大户，呼奴唤婢，家藏万贯。然而人吃五谷杂粮，没有不生病的，半仙也不例外。一日得一怪疾，忽冷忽热，身生暗疮，奇痒难耐。原先对外只说为求道者消灾，与恶魔交战，不慎负伤所致，私下里却找过几个医生，吃过几副药，丝毫不见减轻，于是下人献言，去找城东安同全一看。周一青本不想去，怎奈实在是奇痒难耐，只好用了化名，在月上柳梢头时偷偷前去。安同全也不点开，医者父母心嘛，给开出几服药，回家煎服，倒是症状立轻。

说话间又到五月十五，春意盎然，圆月当空。周一青服过药，自入闭关山洞，屏息静气，开始例行的闭关。周一青闭关有讲究，那是从不言语，也不让外人打扰。这次却不同，只在洞里喊渴，家奴送进水去，只见周一青口鼻生烟，袅袅娜娜，真似仙人一般。烟雾良久不断，最后见周一青轰然而倒，只剩下一个尸蜕，如幼蝉脱却的皮蜕。家人惊呼而出，众人来看，也不知何故。

于是急忙报得官府，官府看了，也感闻所未闻，见所未见。倒是民间有人传言：此乃道家的尸解成仙，周一青是功德圆满了。天下甚乱，官府尚有许多事要做，此事于是以此结案。

又是几年以后，安同全与好友李生饮酒，二人相谈甚欢，不觉大醉。李生于是又提出周一青升天之事，安同全仰天大笑：“所谓升天之事，无非是吃了丹砂、硫黄之类，五脏六腑烧得冒烟，哪里是尸解成仙了?”李生曾是阳州府的师爷，曾经办过此案，于是对安同全说:“如今大明已亡，满清入关，江山易帜，社稷换天。今皇上有令，凡前朝遗案，一律不予追究。安兄可否与我详言此事?”

安同全长叹一声，说道:“也罢，我就与你说个明白。此事须从我妻张氏自杀说起。”

李生说:“怎么，嫂夫人不是暴病而亡吗?”

安同全说:“不是。张氏那日回来，只是啼哭不止，说无颜面对安家列祖列宗，然后就服药自尽了。等我过去，她已不行了，只说今日出门，遭人侮辱，本想在外就死，怎怕侮辱安家清名。我急问遭何人侮辱，张氏不说，只拿出一块玉佩，说是贼人贴身佩戴，本是两块，被我扯来一块。要我好生行医，他日也许有缘，能遇见贼人。”

说到此处，安同全只痛哭不止。李生忙问:“那后来呢?”

安同全说:“后来那周一青来看病，只是遮遮掩掩，又报的假名，刚开始我只以为他是怕辱他活神仙的名声，并不介意。谁知最后在他贴身之处，发现了和张氏一样的玉佩。才知当年我妻张氏，为我功名之事求他占卜，反遭那厮侮辱……”

山水之间

公元1069年农历的四月，正是小麦开花抽穗的季节。这一年的雨季却提前来临了，大雨已经下了五天五夜，麦地里清水像小溪一样流淌。河满水溢，在麦秆之间的空隙里，竟然还有几只小虾在悠然地舞着钳夹。

天气依然清冷，州衙里寒气阵阵。六十多岁的老知州，眼望着无边的雨帘，不停地咳嗽，曾经的青春年少，风度翩翩早已不在，糖尿病、哮喘把老人折磨得形如枯槁。而且他的眼疾愈重，早已看不见那些“环滁皆山也”的景色，只能看到眼前很小的一块，而且像下过一场大雾。他曾经多次上书皇帝，希望自己能告老还乡，安度一个晚年。可是皇帝不允许，又把他从京城派到了这北方的古城。

那是个大师辈出的年代：声名如日中天的王安石、苏轼，都是知州曾经最好的朋友，他们曾经一起饮酒听歌，梦想着仗剑走天涯。可是现在天各一方，最重要的，是因为政见不同，彼此心中的隔膜已经无法消除。王安石还在京城进行着他的改革，青苗法已经越来越让普通的百姓承受不起。麦子快要绝产了，根据青苗法，可以先从官府借来粮食，秋粮产下以后，用二分的利息偿还，可是秋后呢？冬天呢？农民只有越借越穷，永不能翻身。

天色渐渐地黑了，雨帘已经看不见，只听到雨珠打到树叶上的“啪嗒”声。丫鬟小翠又来催知州吃饭。在饭桌上，夫人说：“百姓又上折子，恳请老爷主持祈晴大会。”知州长叹一声:“天要下雨,我们乞求老天就会开眼吗?”

夫人给知州倒上一杯酒,知州却把酒杯挪到了旁边。夫人长叹一声:“老爷,您就喝一口吧。”可是知州坚持不喝,从两年前那次醉酒参加老皇帝的葬礼,内里误穿了紫袍被弹劾,就再也没沾过酒。而且如果没有那次过失,自己也不会来到这古城。夫人看着他满头的白发,忍不住轻轻擦了几滴泪。

老爷的书房里亮了一夜的灯。第二天一早,老爷就出门了,穿了一件蓑衣,甚至没叫一个随从。城西南广场里,早已经汇聚了一大群人,他们匍匐在雨地里,乞求上天云开日出。两个穿着艳丽的神婆,扭动着肥硕的腰肢,在前面的空地上载歌载舞,样子滑稽可笑。

知州拿出早已写好的《求晴祭文》,冒着雨,在那里朗声诵读。现场变得一片安静,大家都把目光集中在面前的人身上,看雨水顺着他的蓑衣一滴滴落到地上……

那是一个老人,一个衰老的似在风雨中摇曳的树叶一样的老人,尽管他只有63岁,可是他的声音雄浑、有力,力薄云天,直传进九霄以外的云层里,于是那云淡了,慢慢移开,阳光像利剑一样穿透薄云射下来。

跪着的人们欢呼起来,他们要抬起这个老人庆祝。却发现那老人是如此羸弱,轻飘飘的,还真怕摔坏了他的身子。

知州也笑起来,露出了久违的笑脸。两个肥硕的神婆,此时却拿眼睛瞟着这个突然出现的老人。她们是收了大家的礼品的,如果求晴成功,能够获得大家凑起来的粮食和钱物,可现在天晴了,却被这个老头搅了局,这算是谁的功劳啊?于是忍不住大声追问知州:“你是谁啊?”知州哈哈大笑,他的心情因为天晴而变得无比舒畅,忍不住想要跟这两个神婆开个玩笑,就说:“我是谁?修已知道你,你却不知羞(修)。”众人才恍然大悟,齐声呼喊:“是知州醉翁老爷啊!”老人看着远处如黛的群山,忍不住哈哈大笑:“醉翁之意不在酒，在乎山水之间也！”原来站在面前的，正是大名鼎鼎的知州欧阳修大人！大家重又跪倒，给欧阳大人见礼。

欧阳修穿着依旧往下滴水的蓑衣，歪歪斜斜往清如僧舍的知州衙门而去。雨后的天空，一条长长的彩虹横挂当中，把古城衬托得如诗如画。天晴了，老百姓的麦子保住了，将又是丰衣足食的一年。

石 宝 磊

天黑以后,石宝磊还在朋友家喝酒。朋友热情,几次相邀,又难得一聚,所以这顿酒一直喝到了半夜。

大家都有些醉了,朋友家房子并不宽敞,却要给安排客房。石宝磊站起来要回家。朋友说:“天都这么晚了,路上不安全啊!”石宝磊说:“我是干啥的?要劫钱的,身上没钱。更不用说那些邪魔鬼祟,你知道我是跟游方道士学了本事专抓鬼的。”

朋友说:“我知道你手雷的厉害。可是这么黑,自己摔一跤也够喝一壶的……”

石宝磊不听朋友劝告,站起来摇摇晃晃就往外走。

天色漆黑,只有朦朦胧胧几颗星星挂在天上。出来了石宝磊才后悔没跟朋友借个灯笼,可是他要面子,不好意思再回去,只好硬着头皮慢慢走。出了村子要穿过一个树林,石宝磊在树林里干呕了几声,鼻涕口水出来就往树上抹了抹,抖擞精神继续走。感觉走这么些时间该到家了,却一摸旁边还是在那个树林子里,手底下这棵树正是他干呕时抹了口水的。石宝磊知道自己遇上鬼打墙了,右手在左手上画了符,要用手雷把鬼墙打开。

这时,远处却隐隐约约过来两个人,提着不很亮的灯笼。走到石宝磊跟前,那个男的说:“这不是石师傅吗?在干嘛呢?”石宝磊瞪大眼睛看了看,也没看清楚眼前是谁,既然人家认识自己,也就跟着打哈哈。那人说:“既然到了家门口了,先到家里喝杯茶吧。”

盛情难却,石宝磊就跟着那人进了附近的一座宅子。宅子里灯火通明,石宝磊很奇怪,怎么没想着附近有这么户人家啊?再看那个人,隐约有些面熟,却忘记在哪里见过了。那人吩咐身后的年轻人泡茶。端起茶杯,隐隐有股寒气,石宝磊的心里一冷,茶却是出奇的香。石宝磊喝了酒正口渴,还是忍不住喝了一口。

等他醒过来,却发现被绑在了椅子上。面前的男子变得面目狰狞,石宝磊说:“我果然没有猜错,你果真不是人类啊!”那人说:“我们无冤无仇,分属两个世界,干嘛总和我们过不去啊!今天也到了你做鬼的日子了……”

石宝磊说:“我捉的都是恶鬼,也是收人钱财替人消灾,并不是纯心要与你们作对……”画着手雷的手却慢慢翻转,对准恶鬼,“砰”一声爆炸,恶鬼立即灰飞烟灭,同时绑着他的绳子也开了。他立即又在手上画符,两掌同打,“砰砰砰”一阵乱响,眼前的大宅子没有了。他摸索着钻出来,原来是在一座枯坟里……

石宝磊是阳州一带有名的捉鬼师傅,最拿手的是过阴,即人在阳世灵魂却能周游地府,探听鬼魂谈话,解决阳世人的烦恼。都说人不喝水可以活三天,不吃饭可以活七天,可是石宝磊躺下就是十天半月,不吃也不喝。说是去旅游了,回来则大谈泰山的壮丽,华山的危美……石宝磊这些地方又都没去过,讲起来却头头是道,不能不让人感觉匪夷所思。而如果是给人做法事,醒来自是神憔力悴,疲惫不堪,亦不愿多言语,因此做法事的时候他一般不过阴。

阳州城有一户刘姓人家,人长得壮而且很旺,兄弟四五个,每个儿子又生了四五个儿子,而且都是一百八九十斤,小牛犊子似的,在村子里一踩,是房子也要颤一颤的。可奇怪的是,这么壮的男人们,不到五十岁就突然暴毙了。都是头一天还能打死牛,第二天醒来就浑身冰凉了……于是家族里除了年轻人就是老老少少的寡妇。

刘思远今年四十多岁了,他的父亲和大爷叔叔,连同同辈份的哥哥们都没活过五十岁。家里人都怕下一个就是他了,每天睡下他自己都提心吊胆,就怕天亮了就穿不上袜子鞋了。当然,他也遍访名医,大夫们检查却没有任何毛病。

最后打听到石宝磊大名,备了厚礼亲自来请他。石宝磊带了罗盘等法器,亲自跟着刘思远去了阳州。先围着他家的祖宅看了一遍,又去他家的祖坟转了一圈,没发现任何毛病。石宝磊抱抱拳说:“刘先生对不住了,我老石眼拙,回家就把礼物退回,恕我无能为力了!”

刘思远眼巴巴望着他,他妻子更是一下子给石宝磊跪下了:“石先生救救我家孩子他爹的命吧!”几个孩子也一同跪了下来。看到可怜巴巴一家人,石宝磊的心也软了,偷偷到里屋说:“这只有一种可能,你家祖上做了亏心事,被人诅咒了!”

全家人面色惊愕。石宝磊又问:“你们家男人是从什么时候开始中年而亡的?”刘思远说:“我祖爷爷还活到六十多岁,他生了两个儿子,就是我爷爷和二爷爷,都是没活到五十岁。”石宝磊说:“那我明白了。”随即回家,吃过饭,上炕倒下就睡,不吃不喝一睡就是半月。

半月后醒来,面色干黄,冷汗直流。刘思远和本家的几个弟弟一直在跟前伺候着呢,看到石宝磊醒来,急忙奉上一杯茶,问道:“可知道为了何事啊?”

石宝磊说:“果然没出我之所料,起因就在你太爷爷身上。以客害主,做了伤天害理之事啊!”刘思源哥几个的冷汗也下来了,个个沉默不语。良久,才焦急地问道:“可有破解之策啊?”石宝磊长叹一声:“你们原籍本是山西太原,你太爷爷那辈来到阳州,承蒙当地地主乔老爷收留。乔老爷家大业大,有几百亩土地，却借给他房屋，租给他土地，待你祖爷爷如同兄弟。怎奈一场瘟疫袭来，乔老爷一家几十口相继去世，只剩下了一个七八岁的孩子。乔老爷临死前拉着你祖爷爷的手说，只望刘兄弟能将孩子抚养成人，则乔家田产给刘家一半。当时你祖爷爷也含泪答应，而且推脱不要乔家田产……”石宝磊看了看刘家兄弟：“可有此事啊？”刘思远兄弟几个点头。石宝磊又问：“可是你们是怎么做的呢？”哥几个又说：“只因那孩子也得了病死了啊。”石宝磊说：“孩子是得了病，却并不是不治之症。只因你祖爷爷心疼钱财，又起了邪念，贪恋乔家房产，不给孩子医治，孩子才死了。乔老爷在天之灵难以瞑目，因此你家才得了鬼咒。”

“鬼咒？”刘家兄弟不禁都瞪大了眼睛。石宝磊却不言语了。哥几个惊恐地互望一眼，扑通一声跪在石宝磊面前，哭泣失声：“石先生救救我们吧！”

石宝磊沉默良久才说：“我可以帮你们，但是能不能救得了你们，还要看你们自己的造化。”

石宝磊领着刘思远兄弟挖开了他们祖爷爷的坟，把尸骨扒出来，放成趴着的姿势，又把小腿骨放到大腿骨底下，埋起来。石宝磊说：“为了他自己的子孙，只好让你祖爷爷给乔老爷跪下了。”

正好刘思远有个叔伯兄弟十来岁的女儿因痨病去世了，石宝磊给她安排做了嫁妆，埋进了乔老爷儿子的坟里。算是说成了一门阴亲。石宝磊说：“我能帮的也就是这些了，你们能不能满寿而终，还要看你们自己。”

刘思远从此乐善好施。鬼子进关，让两个儿子当兵抗击侵略，并且捐献了大量的钱财。鬼子投降后，儿子又立即脱下军装，坚决不打内战……刘思远活到八十多岁，无疾而终。

当然，这一切都是石宝磊自己说的。石宝磊晚年开了一个小药铺，一间黑乎乎的泥坯房，中药材都因潮湿生着白毛。用黄表纸、毛笔开药方子，写的字像画的符。小指甲留得很长，我总想看看他在手上是怎么画手雷的，可是没亲眼见过,不过几个老人信誓旦旦说见过,打出去像扔鞭炮一样。看到村里几个暴发户或者报纸电视上的富人,他都会说:“富贵、贫穷都是过眼烟云,行不义者子孙身上见……”我笑他:“石爷爷,你这是仇富心理吧?”他呵呵笑:“我看不到了,你仔细盯着,也许能见到他三辈子之后是什么样。”

石宝磊没有庇佑住他的儿子,两个儿子都先他而去。九十多岁的时候,被孙子接到省城里,因为村里已经没有了近亲,就一直没回来过。

宫 灯 会

明朝万历年间的一个傍晚，在青州古城十里外的驿站长亭里，有一个长得又黑又胖的养娘，斜站在亭侧。一旁是长相俏丽的丫鬟，用手斜举着一个八角的宫灯。宫灯是黑檀木架，灯头雕镂龙凤图纹，坠金蝉琉璃宝珠流苏——这些东西本是皇家用的，平日里不许民间使用，除非是新婚大喜的日子，可是这样的夜晚也不像办喜事的样子啊。

深秋的古城，寒风朔朔，凭空飞舞的树叶在驿道上辗转徘徊，让那条黄色的小路惊起一阵阵尘土。小丫鬟缩紧了身子，身体忍不住地颤抖，那宫灯便也伴随着秋风在抖个不停。夜色渐渐浓起来，清冷的秋夜，月光倒还算亮堂，偶尔几片淡淡的云彩在月前划过，给凉亭洒下一片淡淡的阴影。

终于，远处急匆匆走来一个背着大包的走路人。养娘急忙迎上去，拦住他，客气地说："这位公子先请留步。不知因何事晚归啊？"来人说话也很客气，深施一礼："俺是东村的木匠，今日完工，主家留下多喝了两杯，故而晚归。"养娘又说："吾家有女初长成，不幸已做他乡人。远来善人若有意，今夜可否送一程？"木匠说："抱歉！在下已经娶过妻子了，不好让小姐做小……"然后急急忙忙走了。

养娘失望而归，又站在亭子原先的地方，眼巴巴盼着路上来往的行人。夜色更加深了，黄色的驿道除了树叶飞舞再无其他行人。她们其实在这里等了两天了，昨晚下了一场小雨，竟然没有发现一个行人。今晚还好，过往的路人不少，可大都还没等养娘走出凉亭，人家都已经绕弯或者直接回头离开了。

盼来盼去，总算走进亭子一个年轻人，却披了件破旧的蓑衣，脸上还沾满了灰尘，头发乱哄哄地打着卷，又脏又臭。养娘无奈地跟丫鬟说："我看此人倒也长得周正，给他换身新衣服，洗浴一番，也可将就一下吧。"丫鬟说："小姐生在大户人家，长在富贵优越之下，平时最爱干净，还有洁癖，最恨腌臜东西，又怎么会接受一个乞丐呢？"

天色越来越晚，已经接近子时了。不久，三声凄凉的更声接连在远方响起。丫鬟和养娘对看一眼，深感失望，看来今夜又要无功而返了。

两人正想走向亭外的马车，远处却又踉踉跄跄走来一个年轻的后生。等到走近了，发现脸色有点苍白，衣着倒是还算干净，像是知书识礼之人。养娘忙跑上前去询问，来人也很客气，只是不明白养娘说的这些话是什么意思。

养娘说："公子是外地人吧？请问是因为什么事出门在外啊？"公子道："在下姓庄名玉洁，阳州人，只因参加科举考试，屡第不中，今日盘缠用完了，又没有脸面回家，正走到这个地方。"养娘说："可能你不知道我们青州城的规矩。年轻的女子未嫁而去世，是不能入祖坟的。所以想请公子在小姐面前行个丈夫的祭奠，再请为小姐守上一夜灵。把公子的生辰八字写在这盏宫灯上，让宫灯陪伴小姐放到棺材里，小姐的魂魄就可以入祖坟，就无鬼怪阻拦她了。否则，小姐就只能葬在乱葬岗子。还请公子可怜一下，当然我们也不会亏待公子的。老爷答应给公子五两银子。"

庄公子想想自己都快三十岁了还没有娶妻，前途如此渺茫，又无法面对家乡贫寒供自己读书的父母，本是想自杀的，有一个美女陪着，也不算枉活了这一辈子，于是爽快地答应了，把宫灯接了过来。

养娘和丫鬟长舒了一口气，高兴地走下驿亭，把庄公子让到一辆马车上，自己和丫鬟坐上后面的马车，往青州城疾驰而去。

十里路程，很快就到了。老爷太太还坐在客厅里等着。养娘先进去禀报，老爷迎出来，也很客气，吩咐下人先去安排了酒食。庄公子早已饥饿难忍，狼吞虎咽吃饱，就被养娘丫鬟领着来到了小姐的灵堂。

银装素裹的厅堂中间，停了一口红漆木棺材。在养娘引导下，庄公子先与小姐行了夫妻之礼，又和养娘闲聊了一会。得知小姐姓王，名叫玉儿，十八九岁，世代都居住在青州，本来是不小心偶感风寒，谁知道竟然急火攻心，就这么去世了……

养娘和丫鬟也累了，就去了隔壁休息，不一会就传来轻微的呼噜声。庄公子也慢慢闭上了眼睛，突然就做起了奇怪的梦，他好似看到一个身影一闪，竟然一下子就跑进房间来，在他周围转一圈不见了，好像是扎进了棺材里……庄公子猛一下睁开眼，看到红漆的棺材，这才想起身在何处。又想梦是什么意思呢？会不会真有人跑进了棺材吧？心中很好奇，忍不住轻轻挪动棺材盖。棺材还没有钉死，借着蜡烛的微光，他发现王小姐静静躺在棺中，竟然面含微笑。庄公子神情恍惚，感觉这也许正是自己的前世之缘，只是竟然以这种方式见面，忍不住悲从心中来，两行热泪夺眶而出。

热泪滴到小姐的脸上，小姐的手突然动了一下。庄公子还想是不是出现了幻觉，也没在意。想想自己屡第不中，父母年纪也大了，如果自己再考，家中实在是要断炊了。而如果寻了短见，不但父母老无所养，而且自己尚未留下一子半女。越想越难受，泪水似断了线的珠子，“哗哗”地流下来。就听到一个声音问道：“这位公子因何如此悲伤啊？”庄公子听到说话，便把自己的伤心事一股脑儿说出来，感觉心里痛快了许多。却蓦然发现躺在棺材中的小姐，正坐在自己的面前，眼含微笑看着他。庄公子也不害怕，过去轻轻扶着她，让她躺回去。小姐却大喊一声：“我这是到了哪里？”丫鬟在隔壁听到，探进头来一看，不禁大喊一声："不好了，小姐诈尸了！"

家人们听到喊声，手拿各种东西匆匆跑过来，小姐已经从棺材里走了出来，正坐在旁边的椅子上与庄公子聊天呢。只是一个貌美如花的女子，却是一口男声。王老爷忍不住颤声问道："你可是我家玉儿？"小姐说："这位老爷，我不是玉儿，我这是借小姐之身还魂，还望老爷不必害怕……"

王老爷听他说话还算客气，又心想事已至此，也只好让人再备酒席，与庄公子一起，听这位借自己女儿身体还魂的人谈谈身世。那人长叹一声，说道："我本是百里外尚州的一个读书人，姓韩名津，父母早亡，且尚未婚娶，只靠祖上传下几亩丰盈之地，勉强度日。只可惜临近有个恶霸，觊觎我那几亩良田，多次派人威胁要来买，我誓死不卖。后来几个家丁拿着写好的地契，非要我签字。我恼羞成怒，与其发生争执，愤怒之下用一块砚台砸一个恶仆，恶仆躲闪摔倒，碰到锄头上，竟然头破而死。恶霸岂肯罢休，勾结官府，说我恶意杀人，将我捉拿归案，打入死牢。一帮好友四处奔波，为我鸣冤叫屈，只是因为那州官得了好处，岂肯重审。好在那刽子手刘启与我本是街坊，私下交好，虽然帮了不少忙，但也救不下我的性命。原先只是安慰于我，说是帮着四下打点，定能救下我的姓命，使我不致太过恐惧。直到临刑，才告诉我没有回天之力。但是告诉我一件事，临刑前他喊一声，跑！我就撒腿快跑。你们知道，我被五花大绑，人跑是断断跑不了，跑出来的只有魂魄。在人头落地的刹那间，我听到一声跑，就没命地跑了。刘启的说法，行刑以前，牛头马面早已站在旁边，因为人多，所以顾不过来，魂魄跑了，遇见合适的尸体，尚可还阳。"

王老爷与庄公子对这奇遇唏嘘一番，彼此喝了些酒。事后王老爷还特意派人去尚州打听了一番，探听到那天的确有一个叫韩津的被砍了脑袋，所以也就不得不信了。

王老爷对韩津说："老夫膝下只有玉儿一个宝贝女儿，如今已经魂归他乡。现如今你虽然声音是男声,身体却依旧是女儿身,既然和庄公子行了夫妻之礼,不如择日圆房,成为一家。”韩津说:“我虽女身,但心却是男的,实在无法嫁与庄公子,尽管他也是一个好人。不如我们结成异性兄弟,共同侍奉二老天年,替玉儿小姐尽一下孝道。”

王老爷含着泪说:“好吧,玉儿虽然去了,但能每日看到她的身体,我和夫人也能心安了。”

从此庄玉洁也在王府住下,每日苦读诗书。与韩津出双入对,外人看来也是一对鸳鸯伉俪。改年大考,庄玉洁一举夺得头名状元,钦命八府巡查,到尚州找出韩津的案子,几次取证,还了韩津清白,惩治了赃官、恶霸。

庄玉洁做过此事,急忙回到青州,向义父和盟弟报喜。还没到王府,看见王老爷和韩津早站在门口迎候。等到说过此事,韩津早已泪流满面,张口却是一副莺歌燕语:“多谢庄兄为韩津雪冤!我本来就是玉儿,只因为与韩津私订终身,却不想他被恶霸所害,听到他将含冤而死,忍不住急火攻心昏厥……”

庄玉洁说:“那你先前的男声——”玉儿说:“家中管家甚会口技,我曾经跟他学过。”

王老爷说:“如今韩津之仇已报,玉洁功成名就,听说一直尚未婚配,玉儿也待字闺中,虽然曾经有违家规,可一直是冰清玉洁之身,她也有意于你,不知能否……”

庄玉洁匍匐在地:“岳父大人在上,像玉儿这样有情有义之人,今生有幸遇上,定要不离不弃,天长地久……”

孔子不识数

一天,孔子的得意门生子路正在北大桥河滩集贸市场闲逛,看到一个卖布的黑汉子正在吆五喝六地叫卖。子路看到他织的布紧密均匀,色泽新鲜,忍不住就想买几尺回去做个袍子。

子路问:“掌柜的,你的布怎么卖?”黑汉子说:“三个钱一尺。”子路个子比较高大,算了算,自己做个袍子需要九尺,就说:“那我来九尺。”并拿出了二十七个钱。

旁边一个人把他拉到一边,对他说:“买九尺不能这么买,你要先买八尺,再加一尺的钱。八尺他不会算账。”

子路是个实在人,就问卖布的:“九尺多少钱?”那人说:“三九二十七,二十七个钱。”子路问:“那八尺呢?”那人说:“三八二十三,二十三个钱。”子路说:“这就不对了,明明是三八二十四,你怎么不会算账呢?”卖布的说:“你不会算吧,我师父就是这么教的。”

子路说:“我跟你打赌,肯定是三八二十四。”卖布的也是个较真的人:“我还就不服了,赌就赌,赌什么吧?”子路也是冲口而出,赌什么呢?子路想了想,说:“我输了,把头上的帽子输给你。”子路是个注重个人形象的人,帽子看的比命重要,而且后来就死在帽子上,那是一次战斗中,为了扶正头上的帽子,被人抓住破绽杀死了。这是后话。

那个卖布的也是个愣头青,当时就恼了,说:“要不是三八二十三,我把脑袋输给你……”两个人吵吵嚷嚷,在集市上打闹起来,都让集上的人作证,可是谁也不作证。卖布的说:“我这是跟我师父学的,走,你要不信去问我师父。”子路心说,问谁也不怕。就去找卖布的师父。那个师父正在墙根下晒太阳,听他两个吵吵闹闹说完,眼皮也不抬,只说了句:“三八二十三,没错。”这下卖布的精神了:“怎么样?把你帽子给我吧。”子路说:“简直一对糊涂蛋,不算数。你敢不敢跟我去问问我的老师,那可是天下第一学问家。”卖布的说:“去就去,我师父都说了,还能错?”

两个人去到孔府,孔子正牙疼,在家里皱着眉头。听两人把事情经过一说,也不说话,看着他俩,两个急性子眼巴巴瞪着孔子,都问:“谁说得对?”孔子伸出手指,一指卖布的:“你对。”卖布的得意了:“怎么样?把帽子给我吧。”子路十分不情愿,但是老师都这么说了,也没办法,只好把帽子给了卖布的。卖布的得意洋洋地走了。

子路坐在孔子旁边,孔子拿出自己的帽子给他戴上。子路说:“明明是他不对,你怎么说他对了呢?这不是害他吗?”孔子笑了笑:“我总不能让他把脑袋输给你吧?”

过了几天,又是河滩大集,孔子对子路说:“你去集市上看看那些卖布的。”

子路到集市上一看,别的卖布的面前都冷冷清清,唯有打赌赢了的那个生意特好。而且想买四五尺的,也全买八尺,八尺往上的,则是先量出八尺,再往上加……

子路回来跟孔子一说,孔子说:“你现在明白了吧?虽然吃点亏,他却是赚了大便宜。”

高　　手

一、传说

东汉时期，密州出了一个奇人，通天文，晓地理，熟研《易经》，精通数学，还写得一手好文章。这就是闻名遐迩的郑玄。

一日，郑玄走到阳州地方，发现方圆百里皆平原，唯独一座土丘立在一片庄稼中间，忍不住驻足观望，山上绿树成荫，荒草遍地。到得丘顶，四下一望，郁郁葱葱，广袤天地尽收眼底。远处则云蒸霞蔚，如同大海翻腾。郑玄围着山丘转了一圈，发现是一个绝好的福地，一股紫气冉冉而升，而看山下的庄稼，不但谷生双穗，而且有两棵南瓜纠缠在一起，奇妙的是同时开花，同时结果，然后就你中有我，我中有你了……

郑玄不禁大喜，找来一个当地人询问。一个牧羊的老者说："此山系当年天神杨二郎帮愚公移山，用扁担挑山填海，怎奈走到这个地方，一山突然穿鼻脱钩，成了西南百里的劈山，而没脱钩的就是不远处的云门山，山顶有仙洞，洞穿南北，势如明镜，杨二郎既然挑不走山，也只好放到阳州这个地方。怎奈杨二郎穿的是靴子，进了许多泥土，拿出来空了空，就出来这座臭山。因此山上土质肥沃，药草丛生，野花斗艳。可'臭山'之名总归难听，当地人反其意改为'香山'……"

郑玄找到山前一个妙处，盖了一个小房子，就想在此处隐居。

怎奈当时官府动荡，汉朝皇帝又听说此地天降祥瑞，出了双谷穗、连体瓜，急忙命人前来寻找。这一找不要紧，把隐居的郑玄也一块找到了。皇帝对郑玄闻名已久，急忙宣他入京伴君。郑玄自是恋恋不舍，几次上书，说自己重病染身。怎奈皇帝下了死命令，说死了也要给我抬来。

郑玄不得不进京面君。一段时间以后，郑玄的母亲病重，郑玄回密州省亲。到家来，老母禁不住年迈多病，已经一命呜呼了。郑玄跟兄弟们商量，自己已看下一块绝好的坟地，先人葬于此处，后代必出君王！于是哥几个明着是把母亲埋进祖坟，暗地里却把棺椁偷偷运到香山埋了。郑玄又在旁边为自己选好一块地方，偷偷告诉儿子："我死之后就葬于此处，后代不出帝王也有享不尽的荣华富贵……"

只可惜没有不透风的墙。皇上耳目众多，此事做得再隐秘，还是被皇上知道了。皇上一听，怎么你的后代还想当皇帝？我们的皇帝是要万世万代的。于是郑玄死了以后钦赐墓地，亲眼看着发丧，就是不让他埋到香山。皇帝还不放心，怕有人偷着把他棺椁运过去，于是又找了当时几个风水大师，亲自实地勘察，到香山把风水给他破了。据说风水大师们仔细研究以后确实找到了一条龙脉，于是从龙脖子的地方给斩断了，再埋上人也出不了帝王了……并且皇帝下了命令：任何人不能把这儿当墓地，违者灭九族！

可惜汉朝不久也灭亡了。今朝不管前朝事，传说一直在民间口碑相传。改朝换代后，平常百姓都把这儿做墓地。你别说，附近村庄开始出大官，甚至出过一门三状元，官至极品的有十好几位。老百姓说，龙颈如果不断，出个皇帝也有可能。

二、画家庄思远

画家庄思远留光头，穿唐装，双目总是微微闭着，给人一种辽远深邃的感觉。据说庄思远的画在外地卖到几万元一尺了，因此日子过得并不差，有越野车，市里也有房，可他就偏偏看中了香山这块宝地，在山阳自己盖了一个小院，经常闭门不出，出来也是背着画夹写生。

如今的香山周围已经不比早先，附近农民用大棚种反季节蔬菜，一片一片如同白色的海洋，人站在山上有种波涛滚滚、水漫金山的感觉。只可惜山上的参天大树都在以前被伐净了，后来政府重新栽种的只有一人多高，而且成活率很低。山顶便如同一个癞痢头，坑坑洼洼的，倒是野草疯长，夏天的时候都快赶上那树高了。

庄思远背着画夹子满山乱转。其实几十年了，山上的一切他都该熟悉了，并且没有什么好画的东西。可是庄思远就是画不够，他说他的祖先就埋在山上，受先人庇荫，祖上还曾出过状元，而他的灵感也只有在香山才能喷薄而出，才能感觉与先祖的灵气相接。画家嘛，是文化人，没有点特立独行怎么叫文化人？咱老百姓整天在大棚里忙着浇水、施肥、嫁接、打岔子……到头来关节炎加风湿病，还不如人家一幅画卖钱多，还是认命吧！尽管庄思远的画老百姓看不懂，都是些天地玄黄、日月星辰之类，就好像屎壳郎沾着墨在纸上爬的……可是高雅的东西不是人人都能懂得，曲高和寡、高处不胜寒就是这个道理，画家的前瞻性和灵性是俗人不能够理解的。

关于庄思远的传奇在那天早晨又被做了验证。有一富裕人家请了一个风水大师给亡人点穴。风水师拿着罗盘满山转悠，走到山阳一块避风的平坡地，风水大师一跺脚："就这儿了！转过满山，还就是此地脉息旺盛，是少见的好穴。先人葬此必能荫及子孙，世享富贵。"正好庄思远转到此处，鼻中不禁嗤笑一声。穿道袍的风水师见此人打扮也非同一般，不敢小觑，问一声："这位师傅有何高见？龙行千里，结穴于此，山环水抱，生气凝聚，难道不准？"

庄思远哈哈一笑："自然是准。可是已经被人占了先机。重坟叠棺，只作供奉。福荫已经被他人占去,埋下去岂不权当供奉了别人?”

风水师本也远近闻名,被人说得面红耳赤。要和庄思远打赌,于是出资让人挖掘,不到三米,一座半腐棺椁露出木头。风水师羞愧难当,抱抱拳,径自离开了。

三、发现盗墓贼

香山的丛丛荆棘,野生药草成了山羊们的好口粮。吃药草长大的山羊肉煮出来质鲜味美,堪称一绝,成为当地一大名吃,不少人驱车百里就为了来吃香山全羊。香山全羊越传越神,据说因为融入了各种野草药,不但能强身健体,还有降血压、降血脂等功效,最重要的是吸取了香山的灵气。后来有些孩子考大学,家长都要先来给孩子买斤羊肉吃上。

利益驱使,山上放羊的就特别多。刘老六就是其中一个。那天刘老六边用胳膊夹着牧羊鞭边用两手点烟,鞭子却一下子滑到了地上,正好地上有个洞,鞭子竟然顺着洞滑了进去。刘老六着急了,趴在地上往里看。正好庄思远走过来,刘老六叫住他让他看。庄思远看了一会说:“最近山上出现了很多这样的洞,我还以为是小动物的穴呢,看来不是。”小洞直径大约五厘米,找来一根木棍往里插了插,发现深不见底。

庄思远沉思了一会说:“我知道了,这是盗墓贼探墓用的,用的工具叫洛阳铲。我们报警吧。”

派出所的李所长很快来了,带着两名联防队员。听了庄思远和刘老六的汇报非常重视,又查看了附近的几个洞,还对市局作了汇报。晚上则派联防队员值班夜守。守了几夜毫无动静,露水又大,渐渐就疲惫了,有时就只在吃完饭以后转一圈就回去了。庄思远很着急,又去派出所跟李所长谈了几次。李所长说:“忙啊,最近事情特多,菜棚里事不多,村民聚众赌博的、嫖娼卖淫的出来了。我们联防队员工资都比较低,咱也不是外人,实话跟你说,咱们总得搞个创收吧!况且咱管区这么大,警力是严重不足啊!”

庄思远眼里含泪,说:“可这是咱们祖先的墓地啊,总不能让人给盗了祖坟吧?”

李所长说:“这样吧,我联系一下市里的专家,来考证一下是否有保护的必要。如果没有什么可盗的,盗墓贼就不会来了。”

果然,几天后市里几个专家都来了。先到山上转了一圈,查看了一下洛阳铲留下的小洞,又取了土样。然后回到乡政府进行了碰头论证。专家们认为,虽然山上埋了郑玄的母亲,可那时郑玄家还很穷,应该没有多少陪葬品。况且这只是一个传说,可信度有多少还真不好说。明清坟墓倒是还有几个,可都是老百姓的,陪葬品也没多少,保护的必要性不大。毕竟我们这样一个文化大市,需要保护的古迹太多了,比这重要百倍的古墓多的是,我们尚且没精力去保护。既然盗墓贼探了那么多点都没进行挖掘,看来就是没有东西……

乡派出所不管了,洛阳铲的探点却又多起来。庄思远没办法只好去附近村庄游说,告诉乡亲们,领导的祖坟都不在这里,可我们的祖先都在那儿埋着呢,这么多年安居乐业,不都是靠着祖先的荫护吗?

乡亲们被他说得热血沸腾,自发组织了护坟队,晚上轮流巡逻。

四、招商引来大老板

阳州市因为上一任主要领导经济政策的失误,当然更多是国内大环境的原因,国营企业迅速走下坡路,尽管政府注入了大量财力、精力,下岗工人还是越来越多。他们蜷缩在城市的街角修皮鞋、贩蔬菜,并且时不时到政府门前静坐闹事,给政府造成了很大压力。

新来的市委刘书记改变思路,不再往这个无底洞里填钱,而是发展第三产业,让市民挣了钱消费,做好良性循环。为了解决资金不足的问题,大量招商引资，广泛宣传阳州原有景点，挖掘、建设有潜力的新景点。于是市里下了铁命令，各单位都制定了招商任务。

一天，四辆铮亮的奔驰轿车开进了市委大院。第一辆车门打开，下来的是旅游局曹局长。曹局长紧跑几步，来到第二辆车前，伸手拉开车门，下来一位雍容华贵的中年妇女。曹局长用手做了一个“请”的姿势，中年妇女微微一笑，就袅袅娜娜向里走去。后面车门次第打开，下来一个漂亮的姑娘抱着手提电脑，还有几个西装革履的年轻人。

市府接待室，市委刘书记早已等候在那里，看见女士进来，急忙伸出了手。一边曹局长在作介绍：“这是我们市委刘书记。”又指指中年妇女说：“这是香港丽君集团董事长郑丽君女士。”

刘书记嘴里说着：“欢迎欢迎！”一边热情地握住了郑女士的手。旁边电视台、报社的记者在“啪嗒啪嗒”拍照。市长秘书把他们都拦在了门外，说：“刘书记和郑董事长有话谈，你们在外面等一下。”

双方坐定，刘书记开门见山地说：“你们丽君集团的情况曹局长都对我做了基本汇报，生意做得很大啊！全世界都有分公司。欢迎你们来阳州和我们共同发展，我们当地政府制定了一系列优惠政策，保证你们能赚到钱，达到我们双赢的目的。另外我还是想问一下，你们主要经营哪方面的产业？以便找到一个我们最适合的合作项目。”

郑丽君说：“首先感谢阳州政府这几日的热情款待，也感谢书记先生！我们丽君集团现在分公司遍及全球，而一开始我就出面跟书记先生谈，说实话我就是看中了你们的优惠政策。在商言商，您知道，没有利润的事情我们是不会干的。”

刘书记微笑：“那是当然。”

郑丽君又说：“我们现在生意主要侧重于三个方面：皮革、化工和园林。您认为我们在哪一方面合作前途会更广一些？”

刘书记说:“一看郑董事长就是个爽快人！我也不跟您绕圈子,皮革、化工前景都很看好,可有个致命的弱点就是污染问题。我们也算的沿海地区,不比内陆,污染是根高压线啊,我们一般不敢碰,老百姓意见大,上面查得也严。而园林这一块,我们阳州却有得天独厚的条件。你看我们阳州,东北部全是平原,而西南部却是丘陵,虽然没有南方的灵山秀水,却是别有一番雄峻的气势,况且文化景点众多。您可以先让曹局长领您去转转,找到合适的投资项目,咱们再谈细节。”

郑立君说:“太感谢书记先生了!”

刘书记站起来说:“那我还要开会,晚上在西山酒店请您吃饭,咱们再详谈。”

随后的几天,曹局长带着郑丽君一行人到西南山区转了一遍,边转边解释:“这是当初梁山好汉智取生辰纲的地方……”,“这是唐朝农民起义领袖黄巢屯兵的地方……”,“这是《聊斋志异》中记述的吕四娘藏身的地方……”

只可惜郑丽君边听边看,却有点心不在焉的样子。在一个偏僻的山村里,一群孩子的读书声却引起了她的注意:摇摇欲坠的教室,东倒西歪的桌椅,还有破衣烂衫的孩子们。这令曹局长非常尴尬,嘴里说:“不能不说我们有些地方还很贫穷……”

此时,郑丽君的眼睛里含着泪,从手包里掏出一个本子,“刷刷”写了几个字交给身后的秘书:“先给他们十万元,修修教室和桌椅板凳。”

这情景被随行的电视台记者拍下来,当晚就在市电视台播放了。刘书记指示:“这是一个好新闻素材,一定要安排一个仪式,重播一下捐赠过程。”于是又在不久后的一天,专题报道了港商郑丽君为贫困小学捐赠物资的过程,当然这一次还买了一些书、书包、文具盒什么的。郑丽君还做了现场演讲,说到自己小的时候家里也是很穷,而且天生的心软,说着说着还抱了抱前面一个满脸是灰的小女孩。

这一下子把港商和阳州人民拉近了。人家那么大的老板没一点架子，比我们有的干部还亲民。

只是投资的事还迟迟没有结果，曹局长也不禁着急了。晚上吃饭的时候，就试探着问了一下郑丽君。

郑丽君微微笑着："你说的这些景点都太俗了，故事也很牵强。只怕我的资金投了血本无归啊。"又开玩笑地说："我的钱可是自己的呀。"

曹局长只好嘿嘿干笑，说："刘书记可是又催了，我们的工作也不好做啊。"

郑丽君又说："那你再想一个让我感兴趣的地方啊。"

随行的旅游局王秘书说："我倒想起一个地方，就是东北部的香山。据说汉朝易经大师郑玄的娘就埋在那里呢。"

曹局长说："就那么个土丘子，到处是荒草，能怎么开发啊？"

郑丽君倒是感兴趣："郑玄？还是我的老祖先哩！我家里有家谱：我是郑玄的六十二代嫡孙！不行，明天咱去看看！"

五、鬼叫门

秋风乍起，吹得衰草"呜呜"作响。庄思远在屋里看了会书，感觉脚底发冷，就坐到了床上，用被盖着脚，想再看会书。

忽然听到院子里的狗"呜呜咽咽"叫了两声。一个人住在荒郊野外，不害怕是假的，因此庄思远养了两条大狼狗，帮着看家。可是他感觉今晚狗的叫声很奇怪，想出去看看，只因脚下"嗖嗖"的凉风，就没动身。

看着看着书，就迷迷糊糊睡过去了。突然做了一个梦，梦到有强盗穿着古代的衣服，拿着兵器在敲他的门。他一激灵就醒了，急忙起身，"咚咚"的敲门声还在响。他拿起床边准备好的一根铁棍子，在门边停了停，一把拉开了门。院子里静悄悄的，只有被风刮着飘到树上的一个塑料袋"啪啪啦啦"

响。再去看他的狼狗，却已经躺在院子里的角落死了。检查了一下院门，好好的。贼人是从哪儿进来的呢？墙头高着呢。

反身进屋的时候，发现门上有一片猩红的黏血。庄思远骂了一声，怕自己出去吃亏，只好进屋关紧了门窗。

第二天晚上，庄思远刚刚入睡，“咚咚”的敲门声又响了起来。庄思远扒着窗户往外看，却只有黑乎乎的天空，一无所得。

天亮的时候，他去派出所报案。李所长剔着牙花子：“你是自己吓自己吧？荒郊野外就你一个人住，的确是挺怕人的。所里没人啊，警员不足，你看现在就我和干内勤的那小姑娘，怎么能分出人去帮你捉鬼啊。再说了，你那里到处是坟，晚上鬼火普塔普塔的，我带着枪自己都不敢去。你比我大胆，住多少年了都没鬼，现在就有鬼了？逗我们玩的吧？”

庄思远看李所长没有出警的意思，只好自己回去了。

他到卖警具的地方买了电棒，心说大不了鱼死网破，谁怕谁啊。到了晚上，他忍着不睡觉，可下半夜刚一迷糊，敲门声就响了起来，他迅速拿起电棒，打开门，看到除了几只黑色的蝙蝠“扑棱”飞远外一无所有。他不信人就能跑得那么快，迅速拉开大门，但大门外也一样，除了凉飕飕的秋风再也没有别的。

五天以后他坚持不住了，晚上睡不好，白天就头晕脑涨，只好开上他的越野车去了市里的房子，希望能睡一个好觉。

那一觉睡得确实好，直到日上三竿才懒懒洋洋醒来。却感觉一激灵，急忙向香山的房子驶去。

哪里还有房子，只有一片废墟！庄思远真是欲哭无泪啊。急忙再去找李所长报案，李所长还在剔牙花子，问他：“你建房子的相关材料带来了吗？”

庄思远说：“那里就是一块废地，我跟村里交了承包费的，说是五十年不变……”

李所长一拍桌子:“村里承包给你是让你种地的,谁让你违章建筑?没罚你款就算轻了,还来这里找事!”

庄思远又到更上级的部门去控告,相关领导只扔给他一句话:“谁破坏招商引资,就是阳州人民的罪人!”

六、香山旅游度假村

没有了庄思远这个钉子户,一切问题也就迎刃而解了。别的就是几个坟头,丽君集团给的迁移费都很可观,而且可以不迁走,还留在里面,钱照给,上坟的日子可以去上坟。

随后建成的香山旅游度假村是星级旅游、度假、休闲场所,将会建成很多旅游景点,附近村民可以随便进去游览,使用休闲器械。

祖坟不用迁,还给钱,还给建上凉亭、走廊,栽上名贵的花木,何乐而不为呢?况且还有派出所的帮助,人家又是来认祖归宗的,又是胳膊拗不过大腿,村民们就都在协议上签了字。

于是度假村开始轰轰烈烈地修建起来。第一步自然是建院墙,以后里面是要收费的,不能哪里都能上去不是?那样还怎么卖票啊?于是围着山的院墙很快修好了,只留了一个大门可以进出。

修好围墙之后就是进行基础建设。这是大工程,下水道,排污管,暖电管道,这都是要建在地下的,工程是要仿古的,到处是电线什么的怎么行?

同时郑丽君董事长在阳州频繁参加活动,做善事。市里还发展她参加了政协,授予她“名誉市民”称号。

为了保证工程质量,施工人员都是丽君集团的。人家说了,对国内的工程队不放心,让豆腐渣工程的报道吓怕了。因此一开始,除了几间宿舍,唯一的实质性建筑就是山顶的“观海亭”了,建在最高处,方圆百里尽收眼底。同样,方圆百里也可看到那巍峨的建筑,让老百姓心里升起了敬畏之心。

转眼之间旧历新年就来到了，原计划工人是要放假回家过年的，可郑丽君董事长下了命令："为了赶进度，工资加倍，所有工人照常工作！"于是储备了大批粮食，所有施工人员一个也不让休息。

人都是一样的，谁不想家啊？谁不想春节回家跟家人团圆啊？为了安慰大家，郑董事长购买了大量鞭炮。于是从除夕晚上开始，各种烟火鸣放不断。鲁中地区是下半夜过年的，原来是"五更分二年"，现在三更就开始了。十二点钟声敲响，香山的爆竹惊天动地地响起来，震得地面都忽闪忽闪的……

老百姓边吃饺子边说："有钱就是不一样啊！多大的爆竹整出这么大动静？"

七、突变

初一饺子初二面，初三还要串亲戚，老百姓还都在忙忙活活过年，山上的工程却一刻也没有停止。老百姓会在喝完一口酒的时候往山上看一眼，嘴里嘟哝着："有钱人也不容易啊！郑董事长也不能回家，还在监督工程进度呢……"

正月十五，老百姓的年过完了，要到菜棚里整理整理那菜了。一辆救护车却嚎叫着开上了香山……

不几日，山门大开。本来是说工程完工以前山门不开的，现在却自己打开了。而且在道路两旁排满了花圈，所有施工人员都换上了黑衣服，就连工程车都挽了一个黑纱。

一个噩耗传来：郑丽君董事长因为突发心脏病去世了！

老百姓在扼腕叹息的同时，不禁担忧起自己尚未兑付的补偿款来。

地方政府都来慰问，花圈还在一个一个往上抬。

乡里的挽联是"出师未捷身先死"，并且亲自派了人来参加追悼会。

吉时已到，灵车拉着棺材缓缓开下山来，两旁站立的员工失声痛哭。前来围观的老百姓更是人山人海，啧啧而叹："多少钱也买不来命啊！"

车子开得很慢，缓缓地走到了山门面前。

远处却传来警车的鸣叫声，看来公安人员也要派车来护卫了。灵车速度开始加快，可是刚要穿过山门，警车"吱"得一声停在了灵车前面，后面是荷枪实弹的特警，停下车，全副武装的警察端着枪把灵车围起来。

第一辆警车的门一开，郑丽君戴着手铐被两名女警察押下来。围观人员的嘴张得老大，面面相觑。

两个特警爬上灵车，一下子打开了棺材，里面是满满当当的汉代玉器、铜器、陶器、古董……

警察迅速控制了所有工程人员，把他们押到警车上拉走了。李所长领着一大批警察控制了香山工地。

八、真相

庄思远在山上写生的时候，一次山洪过后，偶然发现了一个几十米深的大井。庄思远好奇，顺着井口爬下去，发现底下有几件玉器，拿到古货市场一问，竟然是汉代的！而且卖了一个好价钱。他于是先把井口藏起来，找到村长承包下了那块闲地，在上面盖了个小院。后来他发现，巨石砌成的井壁上竟然有一块石头松动，轻轻活动一下，把巨石撬下来，发现这才是真正的墓室！里面如同一个房间，而且还有更多的陪葬品……他才知道井筒式的墓道只是设了一个假象，而且还可以让真正墓室里的水流下来，延缓棺椁的腐烂。

原来在郑玄探出此处是风水宝地之后，各地官府名义上进行保护，实际上都想让自己的子孙后代出大官当皇帝，于是许多名门望族都偷偷把自己的父母埋在了香山。

庄思远在与风水师打赌之前就知道那个地方有一个坟墓，自然是轻松就赢了风水师，但这却给自己增添了一层神秘的面纱。而他在发现了探点以后，也怕自己的目的被人发现，于是希望政府帮忙保护。可在一切未果后，他知道香山一定还有其他没被发现的更大的古墓，他自己也一直在想办法探寻，于是又鼓动着村民帮着保护。

在郑丽君包下香山后，他一下子就理解了她的目的，于是誓死不搬迁。拆迁队在他的门上抹上了鳝鱼血，引得附近的蝙蝠都来啄食，造成半夜鬼敲门的假象。后来他自己的房子被推倒，上访无果，同时他也经受着良心的煎熬，终于忍不住说出了事情的真相……

公安机关迅速行动起来，并且联系了香港警方，锁定这是一个有组织的诈骗、盗墓集团。却因为郑丽君一伙早已靠春节放鞭炮做掩护炸毁了古墓道，挖出了大批玉器、陶器、铜器……于是拨开盘根错节，在飞机场先抓住了正预备化妆潜逃的郑丽君，然后立即驱车向香山工地驶去……

第二辑

琉璃冰块

第二辑

琉璃冰块

遭遇杀手

我正坐在街边公园的长椅上,过来一个四十来岁有点秃顶的男人。他在我身边坐下,拿出一支烟,顺手给我一支,我摆摆手没要。他说:“对不起,主要是想用用你的火。”我把打火机给他,他又顺口问了一句:“我看你坐了很久了,先生做什么工作的?”我说:“我是干工厂的,你呢?”他看了看四下没人,压低嗓门说:“其实,我是一个杀手。”我呵呵笑起来:“就你一副弱不禁风的样子? 不过,你挺逗的。”

他大声笑了两下,又低声说:“真的,不骗你。”我的好奇心上来了:“那你怎么证明呢?”他说:“我可以在这街上杀个人给你看看,而且我是专业的,不会引起任何骚动。不会像电视里演的,鸡飞狗跳,女人尖叫。”我又肆无忌惮地笑起来。他说:“你别笑,你随便指一个吧。”

远处正走着一个大胡子的人,我顺手一指:“你把他杀了给我看看。”他说:“好,半小时以内,让他死在这条街上,而且不会引起任何骚动。你在我旁边看着。”大胡子要比秃顶男人高出半头,我忍住笑,看他的戏怎么演。

这条街正临火车站,大胡子和街上的交警说了几句话。杀手说(暂且先叫他杀手吧):“他是个外地人,正在问路,而且很小心,不相信任何人,只信警察,有点难度。不过我们可以跟着他走了。”

杀手不知从哪儿弄出一个包,看着像是要出远门的样子,跟上大胡子,一块到售票厅买票。不过他没买,只是做了做样子,近距离观察了一下大胡子。等到大胡子买好票,他又跟出来,做出两人一块出门的样子。然后悄悄对我说:“人太多了,上车以前他必定去厕所,在厕所里干掉他。个头太大了,在别的地方我怕引起麻烦。”我几乎要笑出声来。

两个人并排在候车厅等了一会儿,大胡子看了下表,果真向厕所走去,杀手紧跟其后。几分钟后,两个人一块出来了,大胡子昏迷不醒,身上满是酒味。杀手把他的胳膊架在脖子上,大声说:“不让他多喝,就不听,吐厕所了,这个样子怎么走?”

来来往往的人流,漠然地看着他们,没有一个人说话。远处还有巡逻的保安,也只是往这边看了看。

这一刻,我是真害怕了,有一种想报警的欲望,可没敢。

杀手招了辆面包车,跟开车的说了几句什么,就把大胡子扶上车拉走了。这一切,就在熙熙攘攘的火车站广场,真的没有引起任何人的注意。

然后他走过来,和我一起坐在旁边的小凳上:“你都看明白了?”他问。

我惊惧地点点头。

他说:“我在厕所用乙醚把他迷倒了,然后倒在他怀里一包散酒。出租车把他拉到我住的地方,那里有我的同伙。当然得是黑出租,你知道在咱县城黑出租罚得很重,出了问题他绝不敢出来作证。还有,你看,这是什么?对,民政局出具的火化证明,当然是假的,但他一会将会穿上寿衣被烧掉……”

他看着我惊恐的眼睛,缓缓地说:“现在到了谈谈我们的事的时候了。我知道,你是在工厂干,可工厂是你的。你是有着千万身价的私企老板,有人出二十万要你的命,怎么样?二十万对于你是九牛一毛,你给我二十万,咱们之间啥事也不会发生……”

看到我在犹豫,他又说:“你可以报警,但我绝对不是你看到的样子,混入人群没有人找得到我。而且，我不是自己，我们是组织。你都看到了，你可以有想法，但大胡子就是你的下场。如果你愿意，十五分钟后把钱放在这个包里。”他递给我一个黑色皮包。

这种情况，我还有什么敢违抗的，况且二十万对我来说真没什么。我立即回家取钱。一路上我不住地想：到底是谁要置我于死地呢，我真的就这么遭人恨吗？

十五分钟后，我拿着钱回来了。跟秃顶男人站一块的，还有那个开面包车的人。秃顶男人笑着跟开面包车的男人说：“李导，我没食言吧，我办到了。”

然后又笑着对我说：“实在对不起，都说您一毛不拔，我跟李导演打了个赌，能诈骗您二十万。看来我做到了。李导正在选演员，这回诈骗犯的角色非我莫属了吧？”

看到我恼怒的样子，他又说：“不过您得注意了，您再是原来的样子，这样的事迟早会发生……”

我问：“那个大胡子，你们把他弄哪儿去了？”

秃顶男人笑着说：“他呀，此刻已坐车走了。在厕所里，我跟他说我们在拍电影，请他配合一下，结果他同意了……”

我回到工厂里，立即给工人们提高了工资，并且把原料供应商能结的款子都结了，还给他们提了价。因为欠着他们的货款，我一直把价格压得很低。

二泉映月

一

小芳是我的同学。对，是小芳，似乎每一个遗憾爱情的女主角都叫小芳。我们那时候上初中，我的成绩不很好，可是拉得一手好二胡。因为我爷爷是庄户剧团的司琴师，专门走街串巷唱《红灯记》《林海雪原》什么的，业余时间就教我拉二胡，我又有点天赋，大概继承了一部分基因吧。

学校在搞庆祝或者迎新年的时候都要组织晚会，我就拉《二泉映月》，拉得如醉如痴，把我自己都感动了，小芳更是感动得热泪盈眶。因此，我的成绩虽不算好，却一直是班里的文体委员。

小芳暗恋我，初三开始给我递条子，后来条子越来越长，都四五页信纸了。要知道每次写作文，只要三五百字，小芳都愁得不停地叹气。

再后来初中就毕业了，我们考进了不同的高中。可我们的信并没中断，而且在周末的时候我们还会相约出去转转，当然是拉拉手，或充其量也是嘴唇碰一下嘴唇的亲吻一下。

只可惜好景不长，不久小芳一家就搬走了，搬到了千里之外。

我们刚开始还继续通信，互诉相思之苦。后来信就渐渐稀了，再后来大概是小芳又搬了家吧，逐渐失去了联系。我有时候还会在村口的树林里拉

《二泉映月》。如果是秋天，黄色的树叶会飘飘洒洒地落到我的肩膀上，像一片片的信笺。这时候我会想起小芳，感觉这些信笺都是她寄来的，撒满温情和甜蜜。同时我的心底会隐隐作痛，感觉最柔软的地方被触碰的疼痛……

村里的爷爷奶奶会从角落里钻出来，站在远处看着我拉琴，感觉我很文艺，很潇洒，满是沟壑的脸上布满谦卑和艳羡，似乎我是村里就要飞出的凤凰。

然后我就真的飞出来了。来到城市，我才感觉自己不是凤凰，卑微、无奈，连一只土鸡都不如。我曾经被村里人羡慕的时髦衣服，穿在身上土气得连乞丐都不屑一顾。

好在年龄渐大，我终于有了女朋友。我于是回到老家把那些信用塑料纸包起来，塞到一个铁皮桶里，埋到院子外面的一个地方。

再后来结婚了，这些事情渐渐忘却了。老家里老房子拆迁，挖出一个铁桶，包着一些纸，都成碎片了，已经看不出什么字。几个人在那儿看，我也过去看了一下。一些深藏的记忆浮上来，我的心一紧，很是痛了一下。

本以为故事就此结束了，可是有一天我正在上网，一个QQ头像跳了好几下，出来一行字：还记得我吗？我是小芳。

我一怔，马上感觉是不是知道我们情况的同学跟我开玩笑啊，又怕老婆发现，就说：对不起，我不认识什么小芳。

于是小芳开始诉说，像许多年前的信，从《二泉映月》到树林约会，娓娓道来，心痛的回忆，无尽的相思……

这些东西没有第三个人知道，除了是真的小芳还能有谁啊？

她并不回答我的提问，不告诉我怎么知道的我的QQ号，也不说这么多年过得好不好，只谈过去。

我这么多年来表面似乎光鲜，却感觉一直过得并不是很好，心情颓废的很。

我们这样漫无目的谈了很久,有一天她突然提议:在现实生活中我们没有结为夫妻,我们在网络的虚幻中结婚吧!

于是我们开始买房子,订家具,布置新房。然后结婚,生子……一切程序如现实中一样。

一天,我感觉我的一只眼睛很疼,我对小芳说:我的左眼最近很疼,怕是要瞎了。

小芳沉默了很大一会,说:你就是都瞎了,像瞎子阿炳一样,我依然爱你!

那一刻我真的感动了,感动得一塌糊涂。

我登上了寻找小芳的征程。

二

千里之外,一下火车,小芳正在等着我,满眼含笑,跟许多年前一样。而在她旁边,还有一个四五岁的男孩。男孩看到我,竟然跑过来,扑到我怀里,喊了一声:爸爸。我结婚后生了一个女儿,跟我长得很像。可这个男孩,简直跟我小时候一模一样,分明就是我的儿子啊!我也一下叫出了他的名字:小健。然后牵着他的手,慢慢回家,一切竟然如此熟悉,就像我在这里生活了许多年一样。

然后进入一个小区,小区里遛弯的老人都跟我们打招呼,一个小伙子还轻轻打我一拳,说:文哥,好久不见了,改天咱一醉方休。我也看着他面熟,却怎么也想不起是谁了。

回到家,熟悉的房子,熟悉的房间布置,我甚至知道拖鞋在哪儿。

家里还有一辆轿车。吃过饭,我开着车,吹着口哨,拉着他娘俩去郊外玩。刚下过一场雪,路面亮晶晶的,而旁边就是悬崖啊!突然,转弯的时候,一辆车冲着我们过来,我一打车头……

醒来的时候，躺在医院里，眼前蒙了一块纱布，我什么也看不见。身边是医务人员窃窃的私语声，没人告诉我他娘俩怎么了……

后来我回家了，却真的什么也看不见了。有人给我做饭，我叫“小芳、小芳？”没人应我，只是有人过来拍拍我的手背。

没事的时候我摸索着出来，在小区的绿化带边坐下，用二胡拉《二泉映月》，幽怨凄凉，孤苦无助。楼房顶子上的雪水正在融化，“啪嗒啪嗒”滴下来，空气变得温润起来。

春天就要来了，可我什么也看不见！

一天我拿着二胡摸索着回家，一不小心脚下踩空，从楼梯上摔下来。我不知道那楼梯为什么那么长，我也不知摔了多久。等我醒来的时候，一双温润的小手正握着我的手，是我的女儿！老婆还在旁边唠叨：不过是感冒嘛，可把人吓死了……

我一把把女儿搂过来，脸贴到她脸上，两行眼泪潸然而下……

在以后的日子里，小芳的QQ头像一直黑着，给她留言也毫无消息。后来，那个黑色的企鹅头像就从我的好友栏中消失了。

再后来我特意坐上车去到千里之外的那个城市，熟悉的火车站，熟悉的街道。可是我找不到我居住的那个小区，那个地方是一片巨大的白杨树林，树都有一抱粗，直窜入云，大概有几十年树龄了。我不明白在这个寸土寸金的都市的中间，为何还要留这么大一片树林？

我在树林里坐了一个下午，就回来了。

三

我坐在车里，跟董事长讲这些的时候，董事长在后面咯咯地笑。

“其实世界是多维的，有我们生存的世界，还有鬼怪界、梦幻界……就像我们的电视，我们在看这一个节目，其他的节目却也正在上演，它们互不干涉，各自演绎。可那一切都是虚幻的，互不存在的。只是牵涉了我们太多的精力，沉迷其中，感觉一切都是真的了，天长日久，在生活中也流露出来，好像有些东西确有其事一样。”

董事长说：“初恋固然美好，可你现在肩上的担子越来越重了。文人的臭毛病怎么也改不了，敏感、演绎、捕风捉影，脑袋整天不知想什么好。我知道你是山东人，和蒲松龄做邻居。可是你有蒲公的本事吗？现实很残酷，你写小说这么多年有成绩吗？还以为你在写小说呢？疯疯癫癫的，一点形象也不注意，弄得风言风语的，影响多不好！”

一进公司，就有许多事等着去忙，人如同陀螺般旋转。刚在办公桌后面喝杯茶，人事部的小丽就拿着文件来让我签字。小丽微笑着，如沐春风，说：“文总，今天脸色不错，看来心情挺好。”

我说：“你这丫头，就会贫嘴。先去给叔提壶开水，这水茶叶都泡不开。”

其实小丽是我的侄女，董事长有规定：在公司，一律称呼职务。在这样的私企，大家多少有点亲戚关系。彼此一见面，三姨夫、四姑父、二姥爷的称呼确实不像话，连公司也显得不正规了。

喝过水，我又拿出几份文件去请董事长签字。董事长的脸已经阴了好长时间了，今天总算云开雾散，见了我面带微笑。我也忍不住说了声：“董事长，今天脸色不错啊。”

十点钟，有电话来说有人送来一份重要文件，非要我出去拿不可。本来要安排别人，又一想，文件挺重要，我还是自己出去走走吧。穿过两条街，很顺利地拿到文件，我脚步轻快地回到公司。在大办公室，就一些问题对职员做一些交代。

突然，一声稚嫩的童音在门口响起：“爸爸！”

所有的人都被这声音吸引，办公室里一片寂静，大家不约而同地抬起了头，一个六七岁的男孩正站在门口。

我没有抬头，低下头想溜走。男孩却快步走过来，抱住我的腿："爸爸，你怎么不去看我们了？电话也打不通。我好想你啊，妈妈病了，我们来找你。我在街上看到你，就跟来了……"

我说："你这孩子怎么回事啊？你怎么进来的？保安，你们怎么回事……"

还没等我说完，站在门口的董事长两眼通红，抡圆了巴掌，给我两个大嘴巴子。当着这么多员工，我感觉无地自容，却又看到眼前都是细碎的星星。

小男孩却嚎叫一声，在董事长大腿上使劲咬了一口，大喊了一声："为什么打我爸爸？"

董事长的腿上马上有鲜血渗出来，她站立不稳，坐到地上，头发遮住面庞，无声地抽泣起来。

小男孩受了委屈，回头向门外跑去。跑出公司大门，我看到一辆车直向他驰来，而小男孩只顾哭泣，却没看到……

我撕心裂肺喊一声"小健……"，就往外跑，衣服被门口的一个钉子挂住，"嗤啦"一声撕裂，我光着膀子，净身出门，向男孩跑去。春风扑面，我心里却是一个严寒的冬季。

身后，职员们围在董事长身旁，手足无措。原先的董事长是我岳父，上个月刚刚传给了他唯一的女儿。

高手在民间

望城菜市场介于几个小区之间，虽然繁华，管理却极其混乱，不但市场里总有垃圾，而且有那么几个强势的摊贩欺行霸市，非常霸道。

铁子就是一个非常强势的人，据说原先是杀猪的，后来不杀猪了，卖猪肉，也卖青菜，在这个市场里七八年了。铁子长得跟李逵似的，夏天穿短衫，胸上的毛若隐若现，而且据说练过几年功夫，打起架来不要命，大家怕他，当面都尊称一声“铁哥”。

一天，一个小饭店的采购员来买肉，一进菜市场铁子就看见了，喊一嗓子：“新鲜的猪肉，便宜了。”他这一喊，别人就不敢说话了。可是采购员过来看了看，发现猪肉不新鲜，就转身到不远处的王秀那儿去了。铁子骂骂咧咧，那人也不搭腔，称上肉，付款，转身就走了。铁子一口气出不来，去后面端了一盆洗肉的脏水，走两步，“哗啦”一声就泼到了王秀的肉摊前。

王秀本是一个工厂下岗的技术员，戴一副眼镜，而且无论冬夏都穿长袖的衣服，文质彬彬的一副秀才样，铁子没少欺负他。这次也一样，王秀刚说了一句什么，铁子马上转到他的柜台后，劈脸给了一个大耳光。王秀一只手捂着脸，另一只手却把五指并在一起，迅速在铁子身上点了两下。

铁子“哎呀”一声就瘫在了地上，感觉被点的地方有如千万只蚂蚁在爬，更有千万条钢针在扎。心说，遇见高手了，看来这小子深藏不露，这大概就是传说中的点穴了。嘴里却不认输,还在骂骂咧咧,王秀没客气,又给来了两下。铁子彻底认输了,在别人的劝说下找个台阶,灰溜溜回到自己的摊位里。

王秀给大家出了气,摊贩们表面上不动声色,内心里却偷着乐。

过了几天,有几个混混来买菜,与摊贩李强发生争执,明明是他们的错,仗着人多耍横,就把李强打了。摊贩们看不过,一起跟着讲理,有人就把王秀推了出来,心说我们有会点穴功夫的人,难道还怕你不成?谁知王秀过来,刚讲两句理,就被人一脚踢到肚子上,随即一拳把眼镜打飞了。王秀蹲在地上直哎哟,全没了前几天的威风。

最后还是铁子过来,吼了两嗓子,震住局面。后来又有人报了警,警车来才把那些人吓跑了。

铁子很奇怪:明明王秀会功夫,怎么能吃这样的亏呢?可是不管怎么说,自己吃过他的亏,在菜市场倒也收敛了许多,不敢再欺行霸市了。

可是过了没多久,王秀的摊位到期,想续没通过,就转到邻近的菜市场去卖肉了。铁子没了对手,又重新张狂起来,而且变本加厉。

一天,铁子又和新来卖肉的老王起了冲突,大打出手。摊贩们看着害怕,却都不敢劝阻,有人想报警,又想到以后还要在这个菜市场混,不敢惹恼了铁子,于是有人想办法,又跑出去找王秀。

王秀硬被几个人拖来了,却站在那里不说话。几个人就拽他,低声说:“这小子就怕你的点穴功,你再不出手,要出人命了。”王秀却畏畏缩缩不敢上前了,有人说风凉话:“敢情是事不关己不出头,你就是过去劝劝也行啊……”

王秀红着脸,依旧在犹豫着的时候,李强回来了。李强刚刚出去进货没在菜市场,其实就是在这儿,别人也没把他当回事,他也是一个胆小怕事的人。这回却勇敢地迎上去,在铁子肩膀上拍了一下,又轻声说了一句什么,好像是念了一句咒语，铁子马上就瘫了下去，最后被人架着回到自己摊位上……

小小菜市场真是藏龙卧虎，不多久就出现了两个传奇人物，点穴神功被人传得神乎其神，最后都被传成武林高手了。只是两个高手该干啥干啥，别人去问也是只笑不说话，有些不知道的买菜的愣头青去欺负他们一下，他们也只是忍着。于是人们说："这才是武学的最高境界啊！深藏不露却又自甘平凡。"

盛名之下其实难负，总是有人来求他们出头去打抱不平。时间久了，两人也感觉压力山大。一天王秀就拿了些猪头肉去找李强喝酒，喝着喝着就高了。李强说："哥，你的点穴功夫高啊！一下就把铁子制服了。可我就不明白了，第二次他们去找你收拾那几个混混，你咋就吃了亏呢？"王秀说："今天也没别人，我就跟你说实话吧，我哪会点穴功啊！那一次点铁子，我五指并拢，实际上是手里夹着一条细电棍，用电流把他击倒的。第二次混混来的时候，我没拿电棍，自然就吃亏了。唉，兄弟，你的功夫也不错。你可是穿的半袖，没法拿电棍，你是怎么把铁子击倒的？"李强哈哈大笑，我拍他一下只是让他注意，我跟他说："你那当工商局长的姐夫被双规了，他马上就瘫到地上了……"

第二十四枚铜钱

林放四十来岁,不做工不经商,却依然是阳村的首富。有人就弄不明白了,林放说:“咱祖上富,祖上留下的呗。宝贝,咱家里有的是。”你还别说,林放家确实有宝贝,有人亲眼见他家有二十三枚亮闪闪的铜钱,圆形无孔,刻的是“二十四孝图”,栩栩如生,并且扬言要出手,已经有不少人去看过。

一个冬日的下午,林放的老婆去邻居家打麻将,只有林放一人在家。一个矮瘦的汉子走进林放的家。闭上门,悄声跟林放说:“听说你有祖传的铜钱,有个买主,想要看看。”

林放认识来人是邻村的王宇,还是先打量了他一番,又咨询了几句,才小心翼翼地拿出几张照片,低声说:“货就是这个样子。”

王宇一笑,问:“东西怎么来的?”

林放说:“祖传的呗。”

王宇说:“你家祖上是曾经富过,不过发迹也就百十年的事,这个东西最晚也是宋朝的。这样的,我也有一个。”说完,从口袋里掏出一枚铜钱,正是那一套中的“卧冰求鲤”。

林放脸上一紧,问:“你的东西哪里来的?”

王宇说:“你的哪里来的,我的就是哪里来的。”

林放说:“瞎扯,我的真的是祖上传下来的。”

王宇说:“我的也是。”

林放说:“咱打交道可不是一两天了。都是老中医,别跟我讲偏方。”

王宇说:“那就啥也别说了,把你的真东西拿出来看看吧。”

林放笑了笑,说:“你等着,我去拿。”就进了内屋,却通过内室的门,又悄悄转到王宇背后,戴了手套,用一条绳子一下勒到王宇的脖子上……

然后林放关上大门,将王宇的铜钱拿过来,放到内屋一个花瓶里,摇了摇。出来,把尸体放到汽车的后备箱里,打火,开门,驶了出去。

冬天的傍晚,天黑得早。除了凉飕飕的北风,大街上空无一人。林放将车开到十几里外的一片荒郊,那里有几口枯井,林放选了一口,把尸体“扑通”一声扔下去。

然后吹着口哨开车回家。

老婆已经回家了,做好了饭,正在等着他。看到林放回来,问道:“你哪儿去了?”

林放说:“有点事,出去趟。”

老婆说:“这么冷的天。你怎么还满头大汗?”

林放说:“我有点不舒服。”

老婆询问了几句,也没怀疑。

半夜里,林放睡不着。悄悄下床,搬出花瓶,来到客厅,将铜钱“哗啦”一声倒出来,在桌上数起来。可是数来数去,只有二十三枚!他又摇了摇花瓶,寂静无声。林放的汗“哗”一下就下来了,自己明明是把王宇的铜钱放到了花瓶里,怎么会没了呢?

他匆匆又数了一遍:不错,正是缺了那枚“卧冰求鲤”。

林放把铜钱收起来,上床却再也睡不着,睁着眼到天明。

第二天,不敢出门,越想心里越慌。尽管那枚铜钱不是自己的,可是人人都知道自己有这么一套铜钱,一旦发现王宇的尸体,自己是第一个被怀疑的对象……

好歹盼到天黑,林放驾车出去,找到扔尸体的地方,想从王宇的手里找回那枚铜钱。可糟糕的是:他忘记了自己把他扔到哪口井里了!

他把车停在远处,近处是不能有车辙的!然后下到井里,第一口,没有!第二口,没有!第三口,怎么这么窄?下去了,却上不来了,他不敢喊,被卡在半空……

夜里林放没有回家,他老婆并不着急,这样几夜不回来的事多了。

十几天后,才有人发现了林放的车:林放选的这个地方太好了,太偏僻了,很少有人经过,又是冬天,老百姓出门的少。

派出所根据车牌号,找到了林放的家。林放的老婆才着急了。警察分析原因:听说你们家有宝贝,是不是有人谋财害命啊?

林放的老婆忙进屋,抱出花瓶,摇了摇,“叮叮铃铃”还在,倒出来一数:二十四枚!

林放的老婆说:“我想着只有二十三枚啊。”看了看,一枚背后粘了些干了的饭粒……

警察说:“啥也别说了,就近先找人吧。”

人很好找,在几十米外的井里卡着呢,早死了。尸体找到了,案子却破不了。要说自杀吧,没有缘由,要说他杀吧,又是一个破不了的悬案。

此时的王宇正坐在家里的火炉旁胆战心惊。那天他在井里待了一会就醒过来了,他搞不明白林放为何为了这么一枚不是很值钱的铜钱要了自己的命。他从井里爬出来,却没敢报案,也没敢去找林放算账。因为他是一个盗墓贼,在一个古墓里盗出了那枚铜钱。原先他想自己一定是盗了林放的祖坟,现在想来总算明白了,原来那林放也是盗墓的,自己只不过是拾了人家的牙慧而已。林放杀了自己,不是为铜钱,肯定是以为自己知道了他的老底。

捡回一条命,王宇懂了:盗来的富贵不长久,还是好好种地打工吧。

不是玩意儿的事

一

莫柳是县收藏家协会的秘书长,整日里一张笑脸,待人和气,谦恭有礼,因此人缘颇好,有“笑面佛”的雅称。

杨奇是个摄影发烧友,每日里背着个大照相机,专去那些荒凉的山村,寻那些奇景和良辰,捕捉刹那间的美丽辉煌,可是近日里却突然迷上了收藏古玩,没事的时候就到莫柳这里来取经。莫柳也不隐藏,总是尽己所能,毫无保留地传授。

一天,杨奇笑眯眯地来找莫柳,说是在一个小山村里发现了一个好玩意儿,据说是宋代官窑的东西。莫柳嘴一撇:“扯吧?宋代的玩意儿?那是国宝啊。”

杨奇说:“那是一个兽耳炉,灰褐色,紫口,施釉较厚,都符合你说的宋瓷的特点。”

莫柳说:“呵呵,有点意思,你拍张照片了吗?”

杨奇说:“那人很小心,不让拍。”

莫柳说:“你还去吗?再去你别明着拍,偷拍一张不就行了吗!”

杨奇说:“我明天还去拍个风景,到时带个小照相机,偷拍一张你看看。”

第二天傍晚，杨奇把照片拿来。莫柳仔细看了，说："看样子呢，倒是比较像宋瓷。不过如果是赝品，照片也看不出来，要不过几天我陪你去看看。他要多少钱啊？"

杨奇说："三十万。"

莫柳抽一口气："倒是狮子大开口，不过要是真东西也值了。就怕是假的，宋朝的东西留下的很少。玩意儿这一口，水很深，要不怎么古玩铺是"三年不开张、开张吃三年"呢。发现好东西要稳住，举重若轻。甭管多贵重的古董，在脸上都把它当做是一个玩意儿来对待，这也是为什么我们这儿把这个行业称为玩意儿行……"

过几天，杨奇开着他的越野吉普，拉着莫柳就进了山。那是一个古朴幽静的小山村，持宝人是一个五十多岁的大哥，看起来相当精明。在问明情况后，才小心翼翼把兽耳炉拿出来。莫柳持在手里，眼睛一亮，一会以后，眼光暗淡下来，默默递给大哥，拉着杨奇走了出来。

杨奇明白了，道上的规矩：即使赝品，也不当面说破。在路上，还是忍不住问莫柳从哪里看出来的。莫柳说："颈上的釉都流下来了。"杨奇很奇怪："你不是说过，这是宋瓷的特点吗？"莫柳笑了笑："时间久了你就明白了。"

以后的日子，杨奇深感自己懂得还太少，不但继续跟莫柳求教，而且还翻阅了许多这方面的书，自己感觉造诣加深了不少，脑子里却不知为什么还总挂念着那个兽耳炉。一天走到那个村子，不知不觉竟然又到那个大哥的院子里去了。大哥还认识他，依旧泡茶敬烟，很是客气。问起那个兽耳炉，大哥说："你们来看的第二天，就被一个人买去了。当时我还奇怪，你们是小心了又小心，那人却是这么大一个物件，看了看就买走了……"不知为什么，杨奇的心里竟有一股莫名的失落。

通过几年的交往，杨奇跟莫柳走得越来越近，竟然成了最要好的朋友。一天，莫柳突遭车祸，因为路段比较偏僻，肇事车逃逸，等到莫柳被发现，已是人事不省。送到医院做了手术,花了一大笔手术费,还是没醒过来。二次手术还需要一大笔钱,莫柳的家里却再也没有钱了。

杨奇跑前跑后帮忙,走投无路的莫柳儿子拿出莫柳珍藏的几件宝贝,说:“这是我爸爸从不示人的宝物,为了救命,只好求杨叔叔帮忙出手了。”

杨奇的眼前一亮,看到了他梦寐以求的那个兽耳炉!一把抓起来,没错!就是那个宝贝。良久,杨奇才从胸腔里吐出几个字:“什么玩意儿……”莫柳的儿子却说:“这个是宋瓷,我爸一直珍藏着,据说价值不菲啊……”

第二天,杨奇对莫柳的儿子说:“那个宋代兽耳炉我找到买家了,人家出三十万,不知你愿不愿卖?”莫柳儿子说:“为了救我爸爸的命,还有什么不愿意的,杨叔叔做主就是。”

杨奇又买回了兽耳炉,捧在手里,心里却是百感交集。看来财宝该谁的就是谁的,却对莫柳的为人产生了看法,心里恨恨的,再也没去莫柳那儿。

莫柳的儿子拿着钱给爸爸做了手术。莫柳很快醒了过来,静养一段时间,逐渐恢复了健康。听到儿子说了钱的来源,立即给杨奇打了电话。

不一会,杨奇赶了过来,脸上依旧是气呼呼的表情。莫柳让别人先出去,才对杨奇说:“兽耳炉你买去了吧?”杨奇一声冷笑:“没想到吧!人算不如天算。你只不过白白替我保存了几年……道上的规矩不用我说,出手了就再也不能反悔。”

莫柳的眼泪流下来,说:“杨兄弟,当初是我对不起你啊,起了私念让人去给我买了来。可是后来我知道上当了,尽管假的可以乱真,但确实是一个赝品。你用这笔钱救了我的命,我不能再对不起你,如果你愿意,我可以把钱退给你。”

杨奇一怔,讪讪地笑了:“呵呵,算了,既然买去了,道上的规矩,怨我眼拙,我也就认栽了。”

到了晚上,杨奇把兽耳炉用报纸包了,带着到博物馆的刘馆长那里,递上一条烟:"刘老师,有个玩意儿,麻烦您给看一下。"刘馆长戴上眼镜,拿着放大镜,仔仔细细看了一遍,然后说:"在灯光下看不太清,不敢贸然保证。不过十有八九不是宋代的。"杨奇哈哈一笑:"我明白,我明白,您给我留着脸呢。"

过了几天,杨奇到莫柳那儿喝茶,闲谈中对莫柳说:"那个玩意儿呢,既然你喜欢我就再给你送回来,我不能夺人所爱不是? 钱呢,无所谓,谁叫咱是好朋友呢! 你遇上了困难,就算是我帮你的,我也不要了。"

莫柳说:"那怎么行? 没有你这三十万,我的命怕是没有了,你是我的救命恩人啊! 我一定要退给你,还要重重感谢你……"

晚上,莫柳拿着两万块钱给刘馆长送了去。

回到家,拿出兽耳炉仔细观摩,嘴里嘟哝着:"跟我斗,还嫩了点啊!"

二

临近春节,收藏家协会组织了几次活动。活动过后,免不了有聚餐活动。酒过半酣,自然是互相敬酒,相互认识。收藏家协会本来是民间组织,结构松散,彼此不熟情有可原。同桌吃饭的一个青年给莫柳敬酒,端着酒杯说:"这位老师是?"莫柳说:"我姓莫,莫柳。"青年马上诚惶诚恐地说:"莫老师,莫秘书长,久仰久仰,我先喝为敬!"莫柳把酒在嘴上抿一下,问:"年轻人怎么称呼啊?"小青年说:"我是阳县人,叫刘刚。在文化街开了个古玩门头,来凑凑热闹,顺便学点本事。莫老师改天可一定要去指导一下啊!"

莫柳嘴里敷衍道:"客气,客气,我也是不怎么懂,跟着凑热闹的……"

刘刚却不依不饶,缠着莫柳不放。

没办法,莫柳只好在饭后到刘刚的门头去看了看。你别说,刘刚的货还挺地道,有几样确实是挺看得上眼。

然后,刘刚又泡了上好的铁观音。刘刚说:"今晚上,得意楼,我做东。

还得莫老师的面子，我从外县来，做点生意就仗着莫老师您罩着了，您帮忙，道上的朋友再请几个来。”说着从架子上拿下一个玉镯子：“一个小玩意，给嫂子玩。”莫柳推脱着：“这怎么行？呵呵……”也就半推半就地收下了。又电话联系了几个朋友，一起在得意楼聚了聚。酒喝下几杯，一会功夫就好似成了无话不聊的朋友。

以后有事没事，刘刚都给莫柳打个电话，邀请过去喝茶聊天，有拿不准的玩意儿更是多次请莫柳长长眼，并且以学生自居，很是客气。

一段时间，刘刚却突然失踪了似的，门头也总关着门，电话也打不通。莫柳还以为这小子偷偷走了，刘刚却又一下子站在了莫柳的客厅里，头发长了，眼睛里也是血丝。莫柳忙给他倒杯茶：“你小子最近去哪儿了？弄得这么狼狈，不会是去盗墓了吧？”

刘刚嘿嘿一笑：“莫老师，你就没听说？我们阳县盖楼弄出个南北朝时期的寺院，龙源寺！出土了不少东西啊！”

莫柳说：“你们包的可够紧的，我们这儿竟然没听到消息。”

刘刚拿出一些玩意儿，果然是南北朝时期寺院里的东西，不过没精品，也值不了几个钱。刘刚说：“我一直瞅着呢。可惜政府马上介入了，流出来的东西不多。”

日子又回到了常规轨道，刘刚继续开门头收玩意儿，没事给莫柳打电话，聊天、喝茶，也时不时喝点酒吹吹牛。

一天晚上，刘刚给莫柳打电话，说是发现了一个好东西，电话里不好说，请莫柳过去一下。一见面，刘刚拿出一个照片，说：“龙源寺里的东西，佛头，要价一百（万），我打价到八十（万），可是拿不准。”

莫柳拿过来看了看，佛像面容慈祥，双耳垂肩，嘴唇略厚，很亲和，很漂亮。莫柳说：“最近你们阳县造假的可不少啊，一定要长好眼力劲儿，八十（万）不是个小数。”刘刚说：“这不是请老师您吗，明天，陪我去瞧瞧？”

第二天，刘刚早早开车过来，接着莫柳去了阳县。在阳县城乡交接部一个隐蔽的巷子里，有两扇榆木大门，打开门，出来一个非常猥琐的老头。老头说："想通了？今天提货吗？"刘刚说："老李，这是个大物件，我们要小心。我把我师父请来了，再给我长长眼。"老头小心翼翼抱出一个用肮脏的床单包着的东西，慢慢打开——里面是石刻的佛头，真人大小，头发卷曲，眼窝深陷，明显带有异域风情。莫柳拿出放大镜，瞅了又瞅，最后说："你先给我们留一留，我们回去商量一下，再给你电话。"

老头轻蔑地一笑："好东西瞅着的人可多，我可不敢保证。我是认钱不认人，你们自己掂量。不送！"这就把他们逐出来了。

刘刚在附近的饭店请莫柳吃了饭，又请教莫柳。莫柳说："我也拿不准。不过我感觉小心没有过分。"

回到家，莫柳就偷偷筹钱。筹够了八十万，找个出租车，拉着他一个铁哥们又去了阳县。故伎重演，哥们进去买出来，他略微看了看，驱车就回来了。

回到家，自是迫不及待地锁好门，拿出来看。这一看不要紧，他的汗"唰"就下来了，立即又给哥们打电话，找车回到了阳县。找到那个门口，却是大门紧锁。他不停地敲门，旁边大门里出来一个胖女人，说："别敲了，这家房客今天下午已经退房子走了。"莫柳说："怎么？他们租的房子啊？"女人说："是啊，我还奇怪，租房就租了一个月，才住了半个月就走了……"

莫柳一下子瘫坐在大门边。那哥们说："实在不行咱报警吧？"莫柳摇了摇头："地下出的东西是国家的，是不允许买卖的，本身咱就违法了。"狠了狠心，他给刘刚拨通了电话，却是一个无情的女音：您拨打的电话已关机。

自从出车祸，又买回兽耳炉，莫柳已经几乎身无分文了。八十万全是借的高利贷，不长时间过去，已经涨到了九十万。放高利贷的都是亡命之徒，天天催账。没办法，莫柳先出手了兽耳炉，卖了六十万，然后又把老房子卖了二十八万，好歹凑够了才把钱还上。

这期间，多次给刘刚打电话，却总是关机状态。也去过他的门头，也总是大门紧锁。打听熟识的人，也无人知道。此人人间蒸发了。莫柳也隐隐知道此事就是他下的套，却苦无证据。

其实刘刚没蒸发，正坐在阳县的家里看电视呢。怪不得莫柳打听不到他，其实在阳县他不叫刘刚，叫杨刚。这时电话铃响，他接起来，那边说："你在家吗，我正往这边赶，先把玩意儿放到你家里。"

杨刚说："哥，我在家呢，你走到哪儿了?"电话里说："路上有个好景色，等一等，我拍个照片……"

电话那头，杨奇正等待着山顶夕阳落下的那瞬间拍摄绚丽的晚霞。旁边放着一个皮箱。最近偷盗车里东西的人很多，还真不敢把值钱的物件单独放车里。突然，过来一批骑摩托车的半大孩子，染了五颜六色的头发，摩托在山坡上驶得风驰电掣。走到杨奇身边，一辆车一趔趄，就把杨奇身边的皮箱撞到山坡下去了。杨奇伸手没抓住，嘴里咒骂着，人一起滚下去抢箱子，却是一直滚到山底才停下，急忙打开皮箱:用软纸包着的兽耳炉已经成了一堆碎片！就连胸前的长镜头照相机也摔坏了。往远处看，山路上只有一片依旧扬起的尘土，骑摩托的孩子，已经了无踪影……

五 婶 子

五婶子是五叔拾粪的时候捡来的。

五叔有个椭圆形的粪筐，一头开口，斜背在背上，粪铲跟柄成九十度。五叔拾粪不用拿下粪筐，用铲子将粪勾起来，一扬手，正好飞进粪筐里。有人看着好奇，也想试试，用粪铲勾住粪回手一扬，结果“啪”一声，全糊在了自己的耳朵上。

五叔拾粪起得早，总是天不亮就出去了。那天背起粪筐，一开门却发现下了厚厚的一层雪，这样的天气是捡不到粪的，可养成习惯，不出去走走身上难受。他没想到这次还真没白出去，捡到了一个大活人。

发现女人的时候，她已经在村头的柴垛旁冻僵了。五叔把粪筐一扔就把她背到了家，又是灌姜汤又是搓手心脚心。五叔三十多了还孤身一人，女人又无家无口，顺理成章组成了一家。

到乡里登记的时候，王民政问五婶子叫什么名字，五婶子一口外地口音，说话也听不大懂。王民政就说：“外地逃荒来的不少，现在都解放了，没名没姓的都姓了党，你也姓党，叫党山菊吧。”没想到，这党姓还帮了五婶子不少忙，文化大革命有人检举五婶子来历不明的时候，五婶子就说：“谁说我来历不明，我姓党，是党的女儿！”

五叔两口子结婚晚，可没耽误生孩子，四年的工夫就生了三个，红红火火一家人。

只可惜好景不长,五婶子在四十来岁上,竟然双目失明了。一家五口,缝缝补补可怎么办?不过大家很快就发现多虑了,五叔家的孩子照样把家收拾得妥妥当当的,家里更是干净利索。

刮过几场北风,田里没什么活了,大娘婶子们聚集在五婶子家里,纳鞋底,给孩子做衣服。五婶子坐在炕上,双腿盘拢,本地土话说得也很地道了,于是一样的闲聊,一样的飞针走线。当一根线用完以后,大家伙瞪大了眼睛,看五婶子是怎样把线认到针里去的。五婶子不慌不忙,像正常人一样用牙齿咬下一段线,在线头上沾点唾沫捻一下,然后把针和线藏到大襟褂子下面,脸上带着笑,摸索一阵,再拿出来,线已经在针鼻里了。惊得大娘婶子们瞪大了眼睛,合不拢嘴。

五婶子眼睛看不见,可是懂得东西很多,特别是熟读《水浒》《三国》,每每让婶子大娘们听得津津有味。一天,也是读书人家出身的二大娘就说:"那《水浒》里描写的很多场景,比如清风寨、二龙山就在咱阳村的西南山里。那里山高林密,地势险要。解放前,出了个女土匪头子仙客来,她手持双枪,指哪打哪。我就亲眼见到过,仙客来骑着枣红马,红巾蒙面,红袄红裤,那叫一个威风啊!鬼子站在炮楼上,她连看都不看,挥手一枪,鬼子就应声倒下了。鬼子投降的时候,国民党县党部去受降,鬼子说,你们败军之将,也好意思来接受我们投降?除非是仙客来,否则我们绝不交出武器!县党部无奈,只好授仙客来为上校团长,负责受降……"

大娘婶子们啧啧而叹,只有五婶子不说话,静静地听着。

转眼之间,地里的玉米冒出了娇娇嫩嫩的粒子。五叔负责护秋,玉米却被盗得厉害,队长一个劲骂五叔:"要是玉米再少,我就扣完你的工分!"

五叔咧着嘴:"地那么大,我顾了这边顾不了那边啊。"

到了晚上,五婶子偷偷跟五叔说:"晚上你在家看孩子,我替你去护秋。"

五婶子拾了些小石子,坐到玉米地中间的瓜棚上,“吧嗒吧嗒”抽旱烟,侧着耳朵听,哪边有动静,一块石子扔过去,嘴里说:“我是老五家的,帮着老五护秋呢。我知道大家日子都不好过,可您再来,我们一家就要喝西北风了。”

玉米竟然再也没被偷过,五叔护秋带老婆也被传为笑谈。五叔不说话,只是嘿嘿笑,心说我才没带老婆呢,我在家睡得好着呢。

转眼到了1987年,一个西装革履的台湾男子在乡长的陪同下找到了五叔。乡长说:“这是台湾来的侨胞,要找仙客来,听说她后来嫁给你了。”

五叔说:“我不认识什么仙客来,我老伴早就去世了。”

台湾男子说:“我是仙客来的儿子。我来的时候家父嘱咐我,家母就是去世了,也要带她一块骨头回去同葬。你们要钱要东西都行。”

五叔说:“我啥也不要!你们找错人了!”头也不回进了屋,把房门使劲一甩。

乡长看得目瞪口呆,台胞是招商引资请来的,从省里到乡上,都把他当财神爷供着,谁敢给他使脸子。要不是台胞在眼前,乡长非大骂五叔一顿不可。

可现在还要软语相求,心里却骂着。

说了好半天,五叔才说:“骨头找不到了,火化了。”

乡长说:“不对啊,那时候只是在火化推广阶段,该不会吧?”

五叔说:“她是我们公社里第一个火化的。这是她自己的遗愿。”

乡长急急地问:“那她的骨灰盒埋哪儿了?”

五叔说:“没有骨灰盒,她临走时嘱咐我,到时,把骨灰扬在田里做肥料。”

关 医 生

关医生本就是青州北城的八旗子弟,祖上好像也是带刀护卫一类的官职,可惜到了他爷爷那一辈只懂得提笼架鸟、斗蛐蛐,自然败落了,于是把老宅子卖了,又到城外的乡村买了处便宜的小宅子。

好在关医生没有像他爷爷,自小就努力念书,长大后托那些王公贵族的亲戚,到国外念了新医学,回家来开了个诊所。在大都是中药铺的老青州城,西医自然有立竿见影的疗效。又因为关医生脾气好,细长的身材,总是面带微笑,露着两颗喜庆的金牙。最主要的是他的手又细又软,像女子,用听诊器时或者摸摸病人的额头,都软软的,柔柔的,不久生意就很红火了。

赚了钱以后关医生就在原先的北城买了一处老宅子。也是雍正八年的官房,挺宽敞,而且原先就有一个年轻的哑巴仆人在看房子,关医生也没辞退他,继续留在这儿打扫卫生,看守门户。

关医生喜欢晚上看点医书,图清净,家眷就一直留在乡下老家。因此,白天走着去诊所,晚上呢,和哑仆为伴。当然,晚上出诊的事还是经常的。关医生人长得单细,睡觉却死,一旦睡着了,呼噜打得山响,被人抬走都不知道。哑仆不会说话,却不聋,风吹草动都听得清楚,因此有来叫门的,他会立即起来开门,然后再想尽办法把关医生叫醒。

一九三八年初冬的一个半夜,天上下着砂粒子小雪,整个青州城乌黑一片。关医生的宅子却传来咚咚的敲门声，哑仆先起来，借着门缝往外看，外面一个黑衣人打了一顶昏暗的小灯笼，浑身包裹得严严实实。哑仆打开门，让人进来。那人因为心急说话含糊不清，好像是老婆难产，快死了，让关医生去接产。这样的天气又是给女人接生，哑仆很为难，因为青州的中医都很忌讳，认为女人生产是一件肮脏的事，是亵渎神灵的，接触了要最少一个月不能动供品，更不能进庙宇、佛堂。可那人一个劲哀求，毕竟是两条人命，哑仆不敢独自做主，只好去叫醒关医生。

费了好大劲关医生才醒来，听来人讲完就急急地穿衣下床，二话没说就跟着走了。医者父母心，反倒把哑仆感动得眼泪汪汪的。

快天明了关医生才回来，回来之后憔悴不已，几乎虚脱，整个人一下子就瘫倒在椅子上。哑仆马上给他端来热水，又拿出几件衣服。寒冬腊月天，关医生的内衣全湿了，变得冰凉。哑仆打手势询问他情况，关医生惊悸地说："跟你说也没啥，接生的这家，好像是修仙的仙家。宅子在北面一个乌黑的老林子里，而且产妇和孩子屁股上都有条小尾巴。哦，是个女婴。我怀疑可能是狐狸仙。"哑仆惊得张大了嘴巴，直着眼看着关医生。

过了几天，鬼子南下的消息比这寒风更刺骨地刮进小城人的心里，街上的行人都苦着脸匆匆行走着。关医生的夫人也到了预产期，关医生想找个时间回家看看，可走到城门口发现已经戒严了，守门的士兵虽然认识关医生，可上面有命令，还是不能放任何人出城。

关医生回到北城的家，借着昏暗的烛光，忧心忡忡看了会医书，就迷迷糊糊睡去了。

等到天亮一睁眼，突然发现邻居家的房子被打了好多枪孔，东西也被抢去许多，才知道鬼子昨天夜里进城了，一夜巷战，西南山的土匪趁机下来抢东西，街上死了好多人。关医生如同还在梦中一样，如此大的动静，自己竟然躺在床上睡觉毫不知晓，太不可思议了！

哑仆端来洗脸水，请他洗脸吃早饭。关医生心跳如鼓，哪还有心思吃早饭，跑到大街上到处打听怎么回事。人们对他的一无所知表示惊讶，对门的二嫂子说："关医生行善积德，广积善缘，该不会是让北边树林子的狐狸精保护起来了吧？"街上的二刘子说："可能是。昨晚我看到关医生院里一片红光，一个铁锅样的东西把关医生的卧室罩了起来。"大家一起善意的哈哈笑起来。关医生虽然面相和善，平时却很少开玩笑，独自摇着头踱回院里。具体怎么个情况，哑仆应该最清楚，可惜他不会说话啊。

鬼子占据了青州城，开始进行白色统治。一段时间，城门紧闭，不许进出。直到半个月后，形势稳定下来，关医生家人才来告诉他，太太给他添了个儿子，就在鬼子进城那天晚上。中年得子，关医生压抑的心情稍微得以缓解。

国难当头，诊所的生意却格外忙，关医生经常很晚才能回到家里。有好几次，他刚刚回来，就发现有几个受伤的汉子在家里等着他。那些人多是外伤，而且是枪炮伤，虽然穿着老百姓衣服，可关医生不多问，只顾疗伤。疗完了，哑仆给他关好房门，亲自把人送出去。

一天夜里人刚送走，街上就传来杂乱的脚步声，接着是敲门声。关医生心里一紧：坏了，人刚出去，肯定被鬼子抓住了。可他打开屋门，看到哑仆正在院子里跟鬼子叽哩哇啦解释，鬼子推开他，到院子里、屋子里一顿乱翻，没发现什么情况，才骂骂咧咧走了。关医生心里惴惴的，还好没发现那些带血的纱布，哑仆藏得挺严实。又一想，那些人被抓住，被发现处理的伤口，而且附近就自己这一个医生，自己总归是难脱干系。战战兢兢，一夜都没睡好，还好一切正常，并没出现想象中的恶劣后果。

这样的情况又出现过几次，虽然每次都化险为夷，可他还是忍不住提醒哑仆。哑仆只是瞪着眼，并不解释，过不多久又有人来看外伤。关医生只好自己燃上一炷香，在心里默默感谢狐狸精让他逃过大难。

有一天关医生回家，哑仆却没在家。他想可能是出去买东西了，也没介意。可是一连几天哑仆都没回来，关医生打听了一些人，也没打听到，心里时常挂念，兵荒马乱的，一个哑巴，就这么走失了，也不知道他何以为生，是否还在人世。

关医生的起居还需人照顾，他就把夫人接了来，一家人虽是热闹，可免不了总想起善解人意的哑仆，心里酸酸的。

时间过得很快，不久鬼子就投降了，然后青州城解放了，新中国成立了，儿子也到了成婚的年纪。儿子追求进步，在部队当兵，新娘也是部队的女兵。

结婚的前天，新娘的父母先来了青州，他们一见到关医生，竟然泪流满面，亲家紧紧握住关医生的手说："原来是您啊，真是缘分啊！那次要不是您给小芬接生，她娘俩怕是早就去了鬼门关了。"关医生打着哈哈，因为他实在想不起什么时候给亲家母结过生了，作为医生，一生救人无数，怎么会都记着呢。

亲家看他想不起来，羞涩地说："那天夜里，我去请您……"夜里出诊接生也很多，关医生也想不起来。亲家补充说："城北的树林子里，娘俩的屁股上都……"

关医生一下子想起来，兀自先红了脸，亏自己还是干医生的，受中国的鬼怪教育太深了，竟然怀疑人家是狐狸精。这种人类返祖现象当初怎么没想到呢，这些年来有惊无险，好多次化险为夷，自己还一直以为是狐狸精保护着呢。他忍不住呵呵干笑起来。还是夫人先反应过来，说："还干站着，还不让亲家屋里坐。"一边往屋里走，亲家一边说："不过孩子已经做了手术，现在没有了……"

第二天，儿子和儿媳回来，同来的还有儿子的一位老首长。儿子介绍说："我们首长说跟您是老朋友，一定要来看望你！"紧接着，一双有力的大手就紧紧握住了关医生的手："关医生，你好啊！一直想来看您，终于有机会了！"关医生看这人如此眼熟，分明是多年的老朋友，可就是一下子想不起是谁了。首长说："怎么，不认识了，我是哑仆啊。"关医生一下子想起来，哈哈大笑："您会说话了，我不适应。"

原来哑仆一直就是我党的地下联络员，抗战胜利前夕才接到紧急命令撤到山上去了。首长说："您是功臣啊，当初救了我们那么多同志！您的小院当年可是为我们的同志做了大贡献的，怎么，地道还有吗？"关医生一头雾水："地道？哪儿有地道？"首长说："怎么，你还不知道？走，我们去看看。"在当初哑仆住过的西厢房里，掀开土炕下面的石板，一个洞口赫然在目，下去是一个宽敞的厅堂，比地上的厢房还要大，往外走，却一直能通到北面的树林子里，从一个坟墓的墓碑后面出来。

关医生惊讶得下巴都要掉下来了："我在这里住了几十年，竟然不知道还有这么一个别有洞天的机关，怪不得八路军战士出去鬼子就找不到了。可惜啊，到现在我才第一次进来。"首长说："你不是第一次。鬼子来的那天夜里，我把你背进来，等天明又把你背了出去你竟然不知道。哈哈，你还真以为是狐狸精给你弄了个金钟罩啊？"关医生看看身边的亲家，哈哈大笑。

赝　品

杨古董大名杨定远，在青州古玩街开了一个小门头，是传统的前店后家的那种。小店人少货也少，生意并不好，可杨定远依旧气定神闲的。因为他有两个看家宝贝，一个是年方二八的女儿艳霞，长得明眸皓齿、如花赛玉；另一个是珍藏多年的一幅郑板桥的《劲竹图》，据说展现出了一种疾风劲骨、宁折不弯的精神，相当有力度。

俗话说："家中有宝怕贼偷"，杨家小店有宝的事，也被强盗惦记上了。不过强盗披了一层文明的面纱，也做出了一种文质彬彬的样子。一天，一队黄皮的日本兵迅速包围了杨家，进来的却是一个穿长袍、戴眼镜的人，如果不是那一口略显生硬的中国话，你会认为那只不过是哪家私塾的先生。

来人先通报了姓名："在下鬼冢，早闻杨先生大名，今日特来拜访。"杨定远拱了拱手，来而不往非礼也，既然对方还没露出狰狞面目，杨定远也便安排泡茶伺候，彼此寒暄几句。

鬼冢话入正题："久闻杨先生收藏着一幅郑板桥的画。学生对郑板桥十分仰慕，希望能够有幸一见，可以的话借来到东京展览馆一展，让年轻人都有缘观赏、学习，为繁荣大东亚文化做贡献，不知可否？"听到此，杨定远先是一惊，然后竟略松了一口气，只是依旧沉默着，拿茶碗的手不禁轻轻颤抖起来。

鬼冢眼镜后面鹰一样的眼睛开始泛出毒光,明显地不耐烦起来,轻咳一声:“杨先生?”杨定远才从震惊中醒过来:“能为繁荣大东亚文化做贡献,杨某所欲也。只是杨某书画虽多,却好像没有郑板桥的墨宝。”

鬼冢哈哈大笑:“杨先生可能宝贝太多顾不过来了。如果实在找不着,听说先生还有一个女儿,聪明伶俐,长得乖巧,在下有意让她从军,去东南亚诸国,为大东亚圣战做贡献,也许能成就一番功名。”

杨先生的汗“刷”一下就下来了。日本军队有大批慰安妇,供士兵发泄兽欲,因为本土的妇女少,侵华的日军慰安妇很多是朝鲜一带的,而在东南亚的,则很多是从中国抓去的。想至此,杨定远忙说:“可能是杨某老了,记忆衰退。容我找找,找到给太君送去。”

鬼冢站起来说:“好,在下给你三天时间。先行告辞。”

杨定远擦擦头上的汗,把店门“咣当”一声关了,才又回到堂屋坐下。小姐和家人们出来,围在杨定远周围。管家说:“老爷,要不咱们逃吧?”关门的时候,杨定远发现门口还有许多陌生人晃荡,逃肯定是逃不了。

一家人如同热锅上的蚂蚁,一直到掌灯时分,也没想出什么好办法。后来屋里进来一个人,说:“杨老爷,我家祖上是裱画的,可以装裱送给他,以应杨府之急。”此人操外地口音,显然不是杨府之人。

原来,此人名岳进,三天前满身鲜血晕倒在小店门前。杨定远救下了他的性命,刚才让他躲在地窖里。鬼子突然前来,杨定远还以为是为他而来呢,听到只是为画,倒稍松了一口气。

三天后,鬼冢如约而来。看到装裱一新的画,忍不住哈哈大笑。鬼冢本是个中国通,还带来几个懂画的汉奸,经过鉴别,确是真迹无疑!鬼冢拍了拍杨定远的肩膀:“杨先生,大大的良民。”就领着人扬长而去。

乡邻闻知此事,都骂杨定远让国宝外流,与汉奸无异。杨定远长叹一声:“我有何法啊?毕竟那只是画到纸上的一摊墨,还是保住小姐的命要紧啊……”

杨定远怕鬼子翻脸无情，也不敢在此久留，于是变卖了家当，居家移到临近的阳州城里，买了一处小院，深居简出。因为岳进的伤还没有好，所以跟着杨定远一家搬到了小院。过了一段时间，杨老爷发现岳进跟小姐艳霞情投意合，就有意撮合他们，把岳进招赘在杨家。可是在跟岳进谈的时候，岳进却黯然神伤：“我的家被日本鬼子炸了，家人死的死，散的散，国仇不报，我还不打算成家。鬼子投降后，定前来迎娶小姐。”于是伤好之后，就去寻找部队了。

两年后，鬼子投降。岳进重新出现在了杨家门口，艳霞小姐喜极而泣。岳进却总有点吞吞吐吐、欲言又止的样子。杨老爷问：“怎么了？有什么问题吗？”岳进摇摇头。杨老爷说：“那好，什么都是现成的，择日不如撞日，我做主，咱明天就办喜事。年纪可都不小了……”

许多年后，日本一家画廊举办了一场轰动世界的东亚书画展，其中镇馆之宝就是郑板桥的《劲竹图》。画展的第二天，组委会收到了来自中国的一封信，揭露《劲竹图》是赝品。组委会聘请的都是权威人士，要是把一幅赝品大肆宣传出去，那样的话脸可就丢大了。于是立即与中国方面联系，中国方面先把中国专家的鉴定证书和真品照片寄了过来，人也随后带着画飞了过来。

日本的专家不敢怠慢，立即对展出的《劲竹图》重新做了鉴定，鉴定结果：确实是真的。然后又鉴定了中方提供的《劲竹图》，鉴定结果：也是真的！这太不可思议了，同一题材的作品作者可能会画好多幅，可是相似到比现代印刷机印刷的误差还小，那就不是人力能办到的了。

与会人员只好请中国的持画人讲一讲是怎么回事。持画人是一位老先生，他首先声泪俱下地讲述了侵华日军如何残酷屠杀了他的家人，害得他家破人亡，又讲了当初鬼冢如何掠夺中国的财宝。最后他说：“日本一部分人一直在掩盖他们侵华的历史,掩盖他们犯下的滔天罪行。可是,先生们,我和我的妻子就是那段历史活着的证人!”现场一阵沉默。

最后还是有人问:“可是我们想知道,老先生,你们是怎么把一幅名画变成两幅的呢?”

老先生说:“我们明清时候用的一种宣纸是复式的,可以轻轻地揭成两张,宣纸的渗透力又相当好。我弟弟在装裱的时候,就把上面一层揭了下来,把底下一层给你们装裱了。因此你们这个属于真实的赝品。”日本的持画人,强盗鬼家的后代,恼羞成怒,一把扯过自己的画,撕了个粉碎。

老先生怒道:“可是你们侵华的历史是撕不掉的!”然后低下头,轻轻对自己白发苍苍的妻子说:“艳霞,我欺骗了你。其实我也是一个真实的赝品,我的名字其实叫岳前,我的双胞胎弟弟岳进在战场上牺牲了,临死前委托我一定要找到你,告诉你不要等他。可是我对你一见钟情,一见面就疯狂地爱上了你……”

琉璃冰块

寒山问拾得："世间有人谤我、欺我、辱我、笑我、轻我、贱我、恶我、骗我，该如何处之乎?"

拾得曰："只需忍他、让他、由他、避他、耐他、敬他、不要理他、再待几年，你且看他。"

一

你吃过琉璃肉、琉璃山药、琉璃土豆、琉璃苹果、琉璃香蕉、琉璃鸡蛋……可你肯定没吃过琉璃冰块。从外看：色泽金黄、晶莹剔透、冰清玉洁，咬开则同样是又甜又脆、又凉又硬，玻璃样透明的冰块，入口即化，唇齿留香。真乃神仙享受，凡人能得几回尝？这道菜在咱这个县城没人会做——除了我。

我原先在一家国营企业做后勤工作。十年前我看到退休的老工人悠哉游哉在街上散步，我想如没什么意外，我也能像他们一样，过一个悠闲快乐的晚年生活。

四年前厂子里减员增效，我因为言语木讷、不善交际且不能揣摩领导意图，就被充实到车间去了。在车间里，我用懒散惯了的身子，每天搬运、加工好几吨的铁件，一有空还得帮接替我工作的厂长内侄写材料。那些经我起草的材料，厂长内侄只需在几处数字上增减一下，再加几个漂亮的形容词，立刻就变得光辉闪闪了。这时候厂子已改成私营企业，我们每天工作，没有了星期天和节假日，当然也没有加班和双薪之说，所得却寥寥无几，几近不能养家糊口。

但即使这样的日子也没坚持多久，我还是下岗了。在那个阴雨纷纷的初春的夜晚，路灯将乌黑的马路映得亮晶晶的，几片已开始腐烂的树叶在路边开始萌动的小草上哭泣。没有带伞，拿着仅有的一点路费，我踏上了北行的列车，去拜师学习烹饪技艺。

二

一个阳光灿烂的下午，我拿着业务中介的介绍信，站在这家饭店的门口。门口有一棵大柳树，低垂着微黄、肮脏的枝条。天热气燥，蝉们卧在枝叶间翘着屁股狂呼。

正是不很忙的时候，老板刘福贵穿一件大大的T恤衫坐在一进门的柜台后，等我递上信，他热情地站起来，伸出宽厚的白手掌跟我握了握。刘老板的皮带扎在肚脐以下，大大的肚子像个放上去的皮球。

从第二天开始我便成了这家饭店中的一员。店不很大，除厨房外还有两个雅座，外加大大的门厅兼做的大餐厅。店里除刘老板外，还有张丽、王红、李玲、赵艳四个服务员。张丽是领班，平时兼管开票、卖烟酒和算账等。四个姑娘嘻嘻哈哈，使店里不断有银铃样的笑声。刘老板人挺和善，脸却总故意板着。只要他在，姑娘们会拘谨许多，只有张丽除外。

因为在饭店周围有好几家三班倒的工厂，小店早餐生意也很好，主要做盒饭和烤馅饼，这都是些利头很小的生意。但张丽却做得很热心，因此使小店一天三时都很忙。姑娘们除去上菜、整理桌子、打扫卫生，一有时间还得到厨房给我帮忙，人手就显得很不够。下午得闲的时候在一起聊天，刘老板就问我们五个:“你们朋友亲戚里面有没有十七八岁模样好一点的女孩子,咱们这几天太累了,得再找个帮忙的。”大家都挺高兴,歪着头想,最后张丽说:“我有个表妹,父母都是下岗工人,初中刚毕业,供不起了,正在家呆着呢。我去问问。”

三

过了几天,那个瘦瘦的、白白的叫钱莹莹的女孩就站在了刘老板面前,像一个参加面试的学生。张丽说:“这是刘老板,叫刘叔。”刘福贵摆着胖手:“别,别,叫刘哥就行。”又指着张丽,“你以后好好教教她。”张丽又介绍我们:“文师傅、王红、李玲、赵艳。”钱莹莹一一上前羞涩地问好。

钱莹莹人很勤快,可初来乍到,什么事儿也插不上手,有时站在旁边,拳着两手,不知怎么做。我经常教她该如何如何。她很感激我,一有空就到厨房陪我说话,有时还给我倒杯水、点支烟什么的。我也挺喜欢她,像对自己的女儿一样。

一天中午,钱莹莹在上菜的时候,不小心将桌边的一碗鸡汤碰翻了,正洒在一个顾客的腿上。顾客是个留小胡子的青年,一把就把钱莹莹的手抓住了:“小姑娘,干嘛用这种方式调戏哥啊?我这裤子可是值一千多块。”说着就抓着她的手往雅间拖:“走,去把你的裤子给哥换上。”张丽跑过来,使劲掰青年的手,一边说:“她是新来的,不懂事,你就放她一马吧。”青年眼一瞪:“我放她,你赔我裤子?”旁边几个青年跟着起哄:“铁哥,你今天把这小妮子收了,我们请客。”小胡子青年更来劲了,抓着钱莹莹的手使劲拖,吓得钱莹莹一个劲儿尖叫。张丽看劝不下,趁他不注意,在小胡子手腕上恶狠狠就是一口,鲜血滴答滴答落到地上。小胡子松开钱莹莹,两手抓着张丽一下子就将她摔倒在墙角。

那天刘福贵不在,姑娘们吓得抖成一团缩在墙角。小胡子横眉怒目,事情僵在这儿了，所有的人鸦雀无声，顾客有的吓跑了，有的静坐着瞅事态发展。

这时我从厨房走出来，手里握着把剁排骨的大砍刀。小胡子个很高，比我高出差不多一头，看到我手里的刀，声音颤抖着说："你想干什么?告诉你别胡来啊，我姐夫可是镇上的派出所所长。"

我铁青着脸，像许多下岗职工一样，我也有一肚子积聚已久的怨气，此时我感觉到了一种发泄的快乐。我目露凶光，一字一顿地说："不就洒了碗鸡汤吗，我赔你个兔子汤咋样?"说完我变戏法一样从身后拎出一只兔子，往桌子上一摔，砍刀"唰"一下飞过去，将兔子砍了。

小胡子说："好，今天我给你个面子，不过以后最好别让我碰到。"说完往外走。张丽被摔在墙角的垃圾筒上，一边龇牙咧嘴揉着屁股，一边大声说："一共是九十七块八，谁结账?"小胡子掏出张百元票往地上一扔，扬长而去。

晚上刘福贵回来，听了事情经过，二话没说，在残缺的餐桌上铺了块桌布，开了两瓶酒我们一醉方休……

四

出事的那天中午我喝了点酒，昏昏沉沉躺在一间雅座的小榻上沉睡。突然听见隔壁雅座传来桌倒椅翻的声音，并伴随着钱莹莹的尖叫。我一跃而起，去敲隔壁的门。刘福贵在里面喊："文师傅啊，你去看看炉灶封好了没有?"

我走到厨房里，依然听得到雅间的声音。刘福贵说："我知道你缺钱，你妈病了急等钱用，两千块抵得上你半年的工资了，借给你。以后你想多赚，我还可以帮你介绍客人……"

然后是钱莹莹的哭喊："我不！你放开我！放开我！表姐，表姐，你快来救我啊!”这时候,我看到张丽从椅子上站起来,从容地走到外面去了……

钱莹莹还在哭喊:“王姐,李姐,赵姐,你们来救我啊!”三个姑娘显得惊慌失措,慌慌张张站起来往外走,匆忙中王红踢倒了一摞盘子,碎瓷片散了一地。

刘福贵在里面笑着说:“别喊了,没有人来救你,谁也帮不了你……”

钱莹莹又喊我:“文师傅,文师傅啊,我待你可是如同待父亲一样啊,你快来救我啊! 天啊!”我听到衣服撕裂的声音,然后我又听到钱莹莹的哭声:“文师傅,我就像你的女儿啊,你忍心看到自己的女儿受欺负不管不顾吗?你来救救我啊!”

我对这一切充耳不闻,从冰箱里拿出两只冻成冰砣的鸡在菜墩上剁,砍刀一下去,那与冰块凝结的肉体立即分成两段,白色粉末带着冰冷的寒气四溅。

雅间里传来钱莹莹绝望的哭声……

五

一个小时后,刘福贵出来了,脸上带着汗珠,脖子上有明显的抓痕。张丽不知从什么地方钻出来,递给他一块湿毛巾。刘福贵扔给她二百块钱,说:“去,给她买身新衣服。”张丽走进雅座里,对正在抽泣的钱莹莹说:“别哭了,多大的事儿。女人早晚都有这一天,两千块,也值了,就当和刘老板做了个游戏吧。”

刘福贵走到我身旁,用手拍了拍我的肩,怪模怪样地笑了一下。我也朝他一笑:“得手了?”

“得手了。”

“不错吧?”

“还算原装吧。”

我说:“那咱得庆贺庆贺。你等着,我给你做道拿手菜,拔丝冰块。”

刘福贵笑着说:“是吗? 还有这菜? 那咱得留着做咱店的招牌菜。”

半小时后,我准备了一捆冰镇啤酒,菜也上了桌。刘福贵犹豫着:“我喝冰镇啤酒不行吧?”

我说:“没事儿,有我这热菜呢。来,干了这杯。”

刘福贵说:“嗯,真不错,想不到你还有这绝活。”

我说:“绝的还在后头呢。来,趁热吃。干了这杯。”

刘福贵说:“老文,你读书多,老话说,食色,性也,都是人的本能。你是不是感觉我很卑鄙?”

我说:“吃。干了这杯。”

刘福贵说:“你说既是人的本性,柳下惠咋没反应呢?”

我说:“吃,干了。柳下惠阳痿,正在医院治呢。”

刘福贵笑了一下,说:“你真逗。”喝了口酒,又叹了口气说,“我爷爷是三五年闹暴动死的,父亲是参加过抗日战争的老革命,江山是我们农民为主的人打下来的,却连当工人的权力都没有……”

我说:“先干了。你说的那是以前。”

刘福贵说:“现在有些下岗工人喊多苦多累,整天嚷着要照顾。那是没看看农民,面朝黄土背朝天,一年余不下仨核桃俩枣,有了病也看不起,谁又想到过要照顾他们呢?”

我说:“快成琉璃水了,吃吃,干了这杯。”

刘福贵说:“那一年我爹病了,我去找个当工人的表叔借钱,表叔正在门口喝茶,连门都没让我进。他说,我的钱刚花完了,你再等一月吧。我们穷也就不过一月。”

我说:“再干一杯。”

刘福贵说:“我那表叔还说,别看我爹在解放前捡破烂,可硬让我们捡了个铁饭碗,病了还有公费医疗。”

我说:“来,干。”

刘福贵眼中含泪:“等一个月,我等的了,我爹等的了吗?当时表叔就是叫我去死给我钱我也愿意啊,可他只一个劲儿挖苦我。如今他女儿病了,让外孙女来借钱,他那铁饭碗呢?我也让他懂得什么是最痛的伤害……”

我说:“干!”

那天下午我们共喝掉了四捆冰镇啤酒,我又连去做了三次拔丝冰块。可我没忘了回家,零点的时候,我打了街上唯一的一辆摩托三轮。

车一走,我就对着无边的夜空喷泉一样地狂吐。我知道,刘福贵不会吐,他的肚子装得下这些东西,从来没吐过酒。

六

第二天,我去得很晚。远远的,我就发现柳树底下站了好多人。我还没到店门口,就看到张丽朝我走过来。她眼里含着泪,迎面给了我一个耳光。然后恨恨地说:“你害死了他!”旁边站着那三个姑娘,同样恨恨地说:“刘老板多好的人啊! 他从不拖欠我们的工资,有时还给我们发奖金,是你把我们的饭碗砸了。”

我走进店里,几个警察正在那里比比画画。刘福贵斜斜地躺在雅间的小榻上,肚子还那么大,圆圆的如放上去的一个皮球。

钱莹莹站在旁边,眼里含泪,嗫嚅地说:“他,他欺负我……”

一个一脸横肉的警察说:“去去去,人都死了还添什么乱? 谁不知你们这些路边店是藏污纳垢之处。”又对着我说:“你是厨师?你过来,我问你几个问题。”

七

第二天我还没起床，两个警察破门而入，一下子将我压在床上，将明晃晃的手铐戴在我的手腕上说：“走，有人说你是嫌疑人，跟我们走一趟吧。”

刘福贵经解剖验尸没发现什么异常，而且我们相处一直不错，又向无宿怨，于是我在那间阴冷潮湿的黑屋子里关了半月以后，铁门一开，我如那些重见光明的革命者一样走了出来。炫目的阳光如万道金箭，扎得我眼睛生疼。那一刻我怀疑自己是不是真瞎了。等到慢慢适应着能看到东西了，我又听到膝盖处“咯吱咯吱”响，那是我的关节炎犯了。

看守所的门口是一个很高的台阶。刚迈下第二阶，我的膝盖一软，就皮球一样滚了下来，头磕在石头上，鲜血直流。我感觉到远处一双冷冷的眼睛正注视着我，发着狼一样的绿光，是张丽。她从牙缝里挤出一句话：“刘福贵化作厉鬼跟着你呢。他把你绊倒了，不过这只是开始！”落叶潇潇，阴风瑟瑟，又一个冬天将要到来了，我感觉脊骨处一阵阵发寒。

琉璃冰块

沂山英魂

那时候文爷只有二十来岁，二十来岁的文爷剃头的手艺已是炉火纯青，在沂山一带可谓家喻户晓。

一天晚饭后，文爷正坐在院中乘凉，街上一阵狗吠过后，院门被推开，进来一个满脸络腮胡子的人。来人背了一个蓝色的褡裢，月光暗淡，看不清面目，不过来人倒也有理，轻声问道："可是剃头的阿文吗？"

文爷起身："正是。"

来人说："还想请给剃一下头，不知还开张吗？"

文爷说："先生远道而来，屋里请吧。"

文爷点上一支蜡烛，摆好摊子，温上热水，让来人坐定，围上围布，二人并不答话，文爷开始剃头。将头剃得板寸长短，又在脸上刷上皂沫，蹭一下那把一尺多长的刀子，轻轻地刮起来，直到将脸刮得铁青，又修一下鼻毛。然后是头部按摩，背部敲打，直敲得来人骨酥筋软，昏昏欲睡，文爷才说一声："好了。"

来人睁眼，笑道："好手艺，几个铜板？"

文爷说："五块大洋。"

来人脸色急变："讹人，是不是？你可知道我是干啥的？"

文爷并不答话，只是面带微笑，拿着剪发的剪子，自上而下，剪下巴上的胡子。

来人说:“既知道我是剪径之人,你就不怕我现在就把你做了?”

文爷还不搭话,拿起刮胡的刀子,又轻轻刮起了下巴。

看着那把寒气闪闪,一尺多长的刀子,来人不禁颈部一凉。刚才自己闭眼的时候,文爷取己性命,易如反掌。不过来人又说:“你知道我是谁吗?我手下几十名弟兄也不会放过你啊。”

文爷这才呵呵一笑,自剃头挑子底下抽出一张纸来,那是一张通缉令,通缉土匪头子刘七,赏银500大洋。文爷说:“五块大洋不多吧?”

那人看着自己的画像哈哈大笑。文爷又说:“我还知道你褡裢里尚有500大洋。听到狗咬,我知道你取了奸商王万的赎金。”

刘七又笑。

文爷说:“我知道你艺高人胆大,亲自来取赎金。也敬慕七爷是条汉子,才不怕担通匪的罪名。”

刘七自褡裢中抓出一把大洋扔到桌上,说:“好!不卑不亢,是条汉子,跟着七爷做梁山好汉,到沂山上大碗喝酒大块吃肉如何?”

文爷分出五块大洋,剩下的又推到刘七面前:“人各有志,在下只做小本买卖,好汉还当不了。”

刘七起身:“好,后会有期。你这个朋友七爷我交定了。告辞!”

说完已钻进暮色里。

自此以后,刘七和文爷成了朋友,经常领着弟兄们深夜来喝酒、剃头。

忽一日,传来噩耗,刘七被鬼子打成了筛子。

是夜,文爷正在家焚香痛哭,来了刘七的两个弟兄,说:“七爷临死留下遗言,请文爷做山寨老大,还望不弃。”

文爷推辞,二人跪下相求。文爷说:“挑上我的剃头挑子,咱走!”

自此以后,山寨换了老大,日日扒铁路,扰据点,抢鬼子粮食,弄得鬼子寝食不安,山寨队伍也壮大到几百人。

鬼子几次进山围剿,皆因八百里沂山,山陡林密,易守难攻,只是损兵折将,无功而返。

于是贴出告示,悬洋八百,求文爷人头。

维持会长陈老高是个铁杆汉奸,整日里狐假虎威,做尽了坏事。他找到临朐城鬼子驻军小队长山田说:“那阿文是我外甥,自小父母双亡,是我拉扯大的。我愿上山做说客,不费太君一枪一炮,拉他来降,只要能给他碗饭吃就行。”

第二天,陈老高大摇大摆向山上走去。到得山门,大喊一声:“通报你们家大当家的,就说他亲舅来了。”卫兵喝令他站住,进去通报。过了一会,两个卫兵走过来,把陈老高五花大绑,蒙上遮眼布,向山上走去,直气得陈老高破口大骂。又过来个卫兵,往他嘴里塞了块脏布。

不知走了多久,陈老高听得文爷一声:“亲舅啊。”就跪倒在他面前,双手给他解开绳索,扯去遮眼布,拿去塞嘴布,跪在他面前嚎啕大哭:“好几年了也没去看舅,是怕连累你啊……”爷俩抱头痛哭。

文爷命令摆下酒宴,有珍贵的山禽、上好的美酒,与陈老高畅怀痛饮。陈老高几次提出鬼子的意思,文爷总是打断:“不提这个,娘舅待我如亲爹,我却不能报答,心里有愧啊……”忍不住又哭。

山上弟兄们也来敬酒,吵吵嚷嚷,不觉日西。文爷说:“山上不安全,舅舅先请回吧,改日再叙。”陈老高张了几次嘴都被打断,心想来日方长,改日再来招安吧。

文爷一行送至山口,说了句“舅舅慢走”就停住了,只剩下个喝多了酒的陈老高晃晃悠悠往前走。

夕阳如血,山风凛冽。

待陈老高走出一百来步,文爷从卫兵手里拿过手枪,“叭叭”两枪,陈老高就倒在了血泊里……

弟兄们带着惊疑的目光望着文爷，文爷吹了吹枪口，两颗眼泪潸然而下，说："我伺候的是舅舅，打的是汉奸。麻烦弟兄们买口上好的棺材，厚葬了吧。"

琉璃冰块

你的舞台有多大

姚平22岁那年，找到了一个满意的工作，并且和邻村一个姑娘定了亲。阳村的习俗，定亲要首先买一对大红包袱，绣了鲜艳的双喜，还有并蒂莲或者是鸳鸯图案。包袱就是包福，姚平感觉自己的幸福生活来到了，所有的福似乎只一下子就包来了。

刚刚定了亲，小两口黏糊不够，一休班，姚平就到未婚妻家去，干点活，说点情话，生活明朗得如同万里无云的天空。

一天，姚平骑自行车从未婚妻家出来要回家，发现一个邻居正从院子大门楼子底下往外倒车。开车的是一个大嫂，技术显然差点，倒了好几次，都几乎要撞到墙上，怎么也倒不出来。看到姚平，就喊他："小姚，帮帮忙，帮我指挥着把车倒出去。"

姚平看大嫂开得很生，就把自行车倚在墙边，跑到车的前面去，自我感觉安全一点。大嫂却把车陷进了一个小坑里，油门、离合掌握不准，总是憋火，好歹加大了油门，却是挂错了档位，车向前面狂呼一声窜过来，她下意识去踩刹车，却是又踩在了油门上，姚平往外窜，却只跑出一条腿，只感觉"咚"一声，右腿和墙挤在了一起。

当救护车赶过来，把姚平送进医院里，先做手术，希望把腿保住，可是没有成功，最后只好截肢。折腾一顿，不但把姚平家里那点箱子底折腾完了，那个大嫂更是把车都卖了，到底是要命一条，要钱没有了。

命自然是不能要，姚平倒是自己认命了。未婚妻也离开了他，姚平不怪她。一个黄花大闺女，怎么会嫁给一个一条腿的残疾人呢？

刚开始，姚平闷在家里不出来。可是一生的时间还长着呢，要活下去，就要学会一点谋生的本事。姚平学习别人的经验，先去学了无线电修理。谁知自己根本就不是这块料，给人家修几次修不好，就再也没人用他了。没办法，他又去学了修鞋，刚开始赶集，后来就进了城，既修鞋又擦皮鞋。一天下来也挣不了几个钱，甚至不如那几个乞讨的挣得多。

于是，他也不受这个脏累了，卷起一条裤管，拄着双拐，学他们去人多的地方乞讨。你别说，收入不错，不但衣食无忧，还略有积蓄。姚平甚至满意这样的日子了。

一天，一辆锃亮的小轿车在他面前停了下来，车上下来一个西服革履的男子，姚平忙跑过去，把乞讨的缸子伸到那人的眼前："老板，可怜可怜吧。"

那人抬眼皮看了看他的腿，拿出一支精品烟递给他："请抽烟。"姚平说："我不会，你还是给我个饭钱吧。"那人又说："我带你去喝酒吧，给你点你喜欢的菜。"姚平说："我不去，你给个火烧钱就行。"同时姚平心里嘀咕，这是遇上戏耍自己的人了。好在既然干了这一行，自尊、面子就都扔河里了，被人侮辱的情况经常发生，这种情况了，又能怎样呢？

那人又说："我为什么要给你火烧钱呢？你对我做了什么帮助吗？"姚平都要被他气笑了，忙说："你看，我的一条腿没有了，失去了劳动能力。您发发善心，可怜可怜我，给我两个小钱。"那人说："一条腿没了，就可怜，就跟人要钱？"姚平说："是啊。"那人伸手把姚平破缸子里的几个毛票拿出来，踹在了衣兜里。姚平忙伸手跟他抢，说："你这是干什么？"

那人挽起右腿的裤腿，他的右腿竟是用海绵包着的假腿！又把左脚的皮鞋脱下来，是一只木头做的假脚。他说："你看，我不但一条腿没了，而且一只脚也没了，是不是更应该可怜可怜啊？”这一切，把姚平惊得目瞪口呆，忙去看车里。那人说：“甭看，我的车是改的，油门和刹车都用手控制的。”又问姚平：“你今年多大了？”姚平说：“26。”那人说：“还这么年轻！你打算一辈子都在这里乞讨吗？现在架着双拐，老了在地上爬着？”

这下姚平知道是遇上真人了。那人把他请到车里，跟他讲自己的创业史，说他叫张强，车祸致残后，也曾颓废过，痛苦过，可他挺过来了，现在开着三家连锁超市……

最后他给了姚平一张名片，告诉他：“命运掌握在自己手里！首先是你想要什么样的生活，才有奋斗的目标。”

姚平回到家，改名姚立强。想办法贷了款，也开起一家超市，有不明白的问题就给张强打电话，张强也经常来，并且给他技术上资金上的帮助。市区东移，阳村流动人口增多，超市也越开越大，姚立强还和超市的一个姑娘日久生情，最后喜结连理，有了一个幸福的家庭。

每年的二月初八是张强的生日，和姚立强一样得到过张强帮助的十几个事业有成的残疾人，总要去给张大哥过一个生日。张强今年的状态却不很好，不过气色还可以，酒席上，他一次次对大家说：“你们一定要横向联合，互相帮助。更重要的是，要去鼓励那些和我们一样的残疾人，让他们树立起生活的信心……”

过了没多久，姚立强给张强打电话，是张强的媳妇接的。她哽咽着说：“张强已经去世了……你们那次来，他已经是癌症晚期……”

姚立强忍不住嚎啕大哭。

现在，姚立强也已经拥有五家超市，资产几千万。他有空就去各大城市转悠，给那些乞讨的年轻人讲他和张强的故事……

中了一百万

刘大刚今年三十多岁了，在一家机械厂开车床，穿着蓝色的工作服，外面一身油，里面一身汗。工作累，挣钱却不多，看着别人住豪宅，开豪车，那是从心底里不平衡。每天晚上都睡不着，翻来覆去想发财妙计，怎奈“晚上想下千条计，早晨梆梆卖豆腐”。睡觉起来吃过棒子面粥，还得老老实实骑上破自行车去上班，守着满是油的机器，累得腰酸背痛腿抽筋去挣他的一日三餐。

不过刘大刚也不是一点没有付诸实施，男人嘛，总要灿烂一下。他能付诸的行动就是每期买一注彩票，而且就是用自己的生日号，守株待兔，说不定哪一天苍天开眼了，一个大馅饼就掉到了头上。当然他也想多买几注，毕竟那样几率就大了，只可惜老婆财政管得严，就那一注的两块钱还是牙缝里省的。

没想到好运还真的说来就来了。那天一进厂门，工友小王正在门口打扫卫生，看到刘大刚马上神秘兮兮地凑过来说：“老刘，听说你买彩票中了一百万啊，是不是真的？”刘大刚不理他，只拿眼白他一下，心说这帮小子没正形，又在取笑我呢。

进车间换上工作服，小张又凑过来说：“刘师傅，都说你彩票中了一百万，是不是真的？”刘大刚奇了怪了，三人成虎啊，看来不是空穴来风，要不这些孩子今天是怎么了？刘大刚嘴里没说啥，心里可就琢磨开了，干活也有点心不在焉。

干了一会活，实在干不下去了，借着上厕所的工夫，刘大刚到厂里的阅报栏看了一下今天的开奖信息：他的心跳几乎要停止了，明明白白写着呢，一等奖一百万的彩票号码跟自己买的号一模一样，一个数都不差！他又反反复复看了两遍，没错，的确中了一等奖！

刘大刚把工作服一脱，就回家了，连假也没请。都有了一百万了，咱还怕啥？这工作咱也不稀罕了，丢了就丢了，大不了不干了。

回到家，刘大刚穿上风衣，戴上帽子，戴上墨镜，一等奖人家都是这么去领的，拿着彩票就去了卖彩票的地方问兑奖一事。卖彩票的正守着炉子烤火呢，刘大刚颤抖着声音说："我中了一百万，准备兑奖。"说着就拿起彩票店的额外奖品往怀里揣。为了吸引彩民，彩票店对中奖的彩民还有额外奖励。

卖彩票的却不紧不忙地说："拿过彩票来我看一下。"

老刘递上彩票，那人看也没看，一下就扔进了火炉里。火苗蹿起一股红色的火焰，一下子就把那张纸条吞噬成黑色的一小片，刘大刚伸手去抢已经来不及了。

刘大刚的火也一下子就蹿起来了，挽起袖子就要跟卖彩票的拼命。

那人却不紧不慢地说："你看看一等奖是什么号？"

老刘一看傻了：跟报纸上公布的号码不一样！

卖彩票的说："你老买的那一注傻子也记住了，长年累月没点新意，今天跟你一样来骗我奖品的已经好几个了。"

刘大刚傻了，急忙回厂看阅报栏的报纸。刚到门口，发现小张小王在那笑呢。小张负责更换阅报栏报纸。老刘仔细一看那组号码傻眼了，明显贴上去的痕迹，是被人故意更换的，刚才自己怎么就没看出来呢？

他去骂小张，小张说："今天四月一日愚人节嘛，跟你开个玩笑，你不会这么不懂幽默吧？”

这时候车间主任来了，铁青着脸对刘大刚说：“你刚才到哪儿去了？私自离岗，罚款一百元。”

刘大刚赔着笑脸说：“我一天才挣五十元，你这也是愚人节开玩笑的吧？”

第三辑

父亲的平安夜

第三辑

像鸟儿一样飞翔

一、发现了一只鸟

1980年,我十岁,立志也十岁。那一年的元旦,天冷的撒尿都要用棍子敲了,冻得我和立志嘴里嘶哈着,想撒尿小鸡鸡都摸不到了。

外面的雪变得生硬,脚踩到上面都陷不下去。尽管耳朵生疼,可我们还是不愿意呆在屋子里,在村子里疯跑,鼻涕在嘴上面像一列发不出站的火车,呜得跑下来,又哧溜一声跑回去。

我们就是在这个时候发现那只鸟的。在村边小河边的树林里。那只鸟真的很漂亮。在我们的印象里,漂亮的鸟大都是候鸟,收完玉米棒子,种上冬小麦,他们就飞到南方去了。可是这只鸟没走,混在一群灰不溜秋的麻雀中间,它那艳丽的羽毛,在皑皑白雪和如铁的树干映衬下,更加绚丽多彩。

这是一只什么鸟呢?头上有一束绿色的毛,而周身是橘黄色,我们从来都没有见过。我看到以后指给立志看,立志凝神瞅了一会说,是只好鸟,我们要抓住它!树林子这么大,抓住一只长翅膀的鸟谈何容易。可是立志说了,我就坚信能做到。立志比我还小四个月,可他似乎是天然领袖,办法很多,我就愿意听他的,他说能抓到就一定能抓到吧。

二、又发现了一只好鸟

1995年，立志在镇上一家机械厂打工。一个春日的金色黄昏，立志下了班，骑着摩托车回家，经过一个叫做观澜的村子。一群大姑娘、小媳妇坐在村子的十字路口闲聊。立志一回头，在人群中发现了那个让他心动不已的女孩。穿了碎花的裙子，夕阳给她裹上了金色的边，她的微笑，比那阳光更灿烂。

那一刻，立志感觉自己苦苦等待的那个人出现了，就像许多年前在一群麻雀中的那只橘黄羽毛的鸟，把他的心一下子抓紧了，他感觉自己的幸福应该抓住，就像当初一定要抓住那只鸟。

不几天，立志就打听清楚了，姑娘叫燕儿，在村子里开了一家理发店，还没对象呢。立志刚开始三天两头去理发，理完了却不走，坐在那儿跟燕儿聊天。再后来不理发也去帮着烧开水、洗头，就像一个小徒弟一样。

一来二去，感觉两人就有那么点意思了。此时我已经搬到城里居住，很少回家，回家的时候自是免不了去跟立志聊聊。发现了一只好鸟是不是？没有人的时候我不怀好意地问立志。立志没说话，低下头笑了。好久才说，真的，就像当年我们发现的那只鸟，真的是心动了。可是我听说这不是一只好鸟啊。我提醒他。我嫂子跟燕儿一个村，关于她的传说听了不少。燕儿在观澜村一直跟一个朱姓中年男子不明不白，曾经有好多次，老朱的老婆去燕儿的门头甚至家里破口大骂，而且有好多次在燕儿的门头挂了破皮鞋，也发生过多次正面冲突。一个姑娘家，尽管厉害，名声却被败坏了。可这些话我不知如何开口，点了一支烟，在那儿沉默着。

立志也点了一支烟，说，有些事，你不说我也知道。可是你不用劝我，我要的是我们的将来，而不在乎她的过去。真的，我感觉已经离不开她了，我要用真心感动她，我们会有幸福的。

后来立志结婚了。据说他给了燕儿承诺，婚后给她盖楼房、买汽车，不干涉她的自由，给她一个自由的空间。被爱情冲昏了头脑的立志，要命都可以马上给她，还会有什么不能答应的呢？

三、抓鸟

那天立志拉着我飞快地跑回家。他的父母都没在家，他拿钥匙开门，直奔煎饼垫子。垫子是用棉槐条子编成的，直径一米多，边上有二十公分的沿。立志用最快的速度把煎饼搬到桌子上，拿着垫子，又找了一根棍子一根绳子向树林子跑去。

还好，鸟还在，还在树林里四处张望吃的东西。可是一切都被白雪埋起来了，连颗草籽也找不到。立志把煎饼垫子斜着竖在雪地里，边上用木棍撑住，然后把一些碎煎饼撒到下面，绳子绑在棍子上，慢慢跑到远处树后藏起来。

先是几只麻雀，发现了碎煎饼，小心翼翼飞过来，在附近徘徊一阵，在发现没什么危险之后，一只胆大的先探进头啄了一块，心满意足地吞咽下去。另外几只眼馋了，也探进头去吃。碎煎饼很少，如果那只美丽的鸟还在那儿张望，也许一会就被麻雀吃完了。

立志探出头，嗖的一声吹了一下口哨。垫子底下的麻雀受了惊吓，扑棱棱飞走了。过了一会，可能发现并没危险，有几只又小心翼翼飞回来。这次那只漂亮的鸟也发现食物了，飞下枝头，在旁边疾走。当看到麻雀们飞快地啄食后，它感觉再不去抢一点，怕是就被麻雀们吃完了，那它可能还要继续挨饿。

鸟的身体要比麻雀们大不少，它飞快地挤进去，用最快的速度在旁边啄食。显然，垫子中间一块更大的煎饼诱惑了它，它放松了警惕，往里挪了挪。可是它的嘴还没够到煎饼，立志把手里的绳子一拉，棍子应声而倒，煎饼垫子趴下来，砸到坚硬的雪地上。鸟儿一愣，还没反应过来，已经被扣在了垫子底下。

四、做笼子

我们飞快地跑过去，立志把垫子掀起一条小缝，手伸进去，捉住了鸟，用手握着。然后掀开垫子，同时扣在里面的一只麻雀扑棱一下飞走了。立志握着鸟，把绳子卷了几下，拿着棍子，我把煎饼垫子背在背上，像一只乌龟一样跟着立志回家。

到了家，立志把鸟先扣到院子里一只瓷盆子底下，然后迅速拿过煎饼垫子先把煎饼放回去。拿煎饼垫子去捉鸟，家长发现了，是要骂的。

接下来，就该做鸟笼子了，要不把这么漂亮的鸟放在哪儿呢？当然，做鸟笼子有铁丝应该最好，可是我们没有。不过我们有办法，那就是用高粱秆，再找点粗而硬的蜡树条子穿起来。这个立志家都有。蜡树条子捆成一捆在灶屋里放着，高粱秆也有，只是放在猪圈里，几根木棍做了个阁楼，高粱秆放在上面。立志拿了个凳子，却还是够不着。老母猪哼哼唧唧老去拱凳子，我拿着条子打它。可他还是够不着。因为猪圈被猪拱得高低不平，凳子一条腿一歪，把立志差点摔下来。立志下来，抬头瞅着，嘴里嘟哝，我要是只鸟就好了，可以飞上去。

我们不是鸟，可是也有办法。最后找来一根弯弯的木头，上面挂了几个树杈，就像一个梯子一样，终于拿下来一些高粱秆。

经过一通忙活，手冻得跟猫咬一样。我们拖进屋里，虽然是没生炉子，可还是感觉暖和了一些。我们把高粱秆弄得一样长，用蜡树条穿起来，留着半公分的空隙。以前我们用这个办法做过蝈蝈笼子，能否盛得住鸟，心里还是没底的。这天立志的家长都没在家，我们午饭也没吃，一个笨拙的鸟笼马上要在我们手里出现了。

我的肚子咕噜噜叫起来，我想那只鸟肯定也饿了。实际上我的心里一直挂念着那只鸟。于是趁着立志不注意，偷偷跑到院子里，学他的样子，把瓷盆掀开一条缝，手慢慢伸进去，心里想着只要稍微摸一下那滑润的羽毛也好。可是我的手在盆底下摸了一圈，却没有发现小鸟。我把缝隙掀得大了一些，手又继续往里伸，还是没摸着。突然，扑棱一声，鸟儿从我的胳膊边上飞了出去。它没有直接离去，而是先在院子里的树上站了站，惊下一些碎雪。

立志从屋里走出来，手里拿着做好的鸟笼子，望着鸟儿无奈地瞅着。鸟儿的眼里似乎闪过一些狡黠的笑意，先俯冲下来，啄走了落在大门边的一块碎煎饼，然后得意地飞走了。

五、豪华的笼子

婚后的立志工作更辛苦了，在工厂里，每天都要干十几个小时，有时甚至一干就是两个班。他要攒钱，给燕儿盖承诺的漂亮楼房。漂亮的楼房就像笼子，有了它，他幻想着就应该能够圈住燕儿。

但是，老朱还经常开着他的桑塔纳来玩。一来，立志就去买菜、买酒，张罗着好好招待。同样，根据婚前的承诺，燕儿过一段时间就出去旅游，可是立志根本不知她去了哪里，却是在心里越来越害怕失去燕儿，珍惜着自己眼前认为的幸福。

有一段时间，为了多挣钱他去了东营的油田。辛辛苦苦工作，几个月都不回来一次。有一次我见到他，又黑又瘦。我说，燕儿是一只候鸟，养不熟啊。立志深吸一口烟，狠狠地说，就是一块石头我也要给她焐热了。你别管，我的幸福生活快来了。

真的，不久以后，立志家的楼房就盖起来了，宽敞漂亮，富丽堂皇。然后，他的儿子也出生了，白白胖胖，很漂亮的男孩，取名小健。我去给他祝贺，却发现立志睡在低矮的偏房里，瘦的我都认不出了。看着用两块门板子做的简陋小床，上面几片肮脏破旧的棉絮。我心疼地说，你卖血啊？弄成这个样子。立志不好意思地从床上爬起来。燕儿已经从楼房里走出来，却是又白又胖，打扮得像花蝴蝶一样，漂亮得像电影明星。燕儿说，你看，立志就这命，愿意在这里面住。

孩子越来越大了，老朱也来得更勤了。有时候抱着孩子出去，邻居们都说，外甥随舅，你看小健跟舅舅长得多像。的确是，小健跟老朱大脸脱出个小脸，鼻子、眼睛太像了。立志在家里听到了，眼泪溢出来。

六、葬礼

听到立志去世的消息，我立即驱车回家。刚到立志门口，车前轮突然爆胎。顾不得管车，立即下来向家里走去。

楼房的客厅里摆了一把椅子，椅子上黑色的镜框里，立志正在微笑着。小健穿了雪白的丧衣，坐在椅子前的一个棉垫子上，手里拿着一炷香，不停地用香头去烧立志的遗像。相框是用塑料绷起来的，小健一会就在立志的腮上、眼睛上烧了好几个黑点。我忍不住打了他的手一下，说，你这孩子怎么这么不懂事！小健哇的一声哭起来，屋子里也传出了小燕吱吱扭扭的哭声。我忍不住泪如雨下。

这一天是2010年元旦，比三十年前还冷的一天。老人还在，所以葬礼必须在午前进行。肆虐的北风像刀子一样，不多的衣服穿在身上就像没穿。人早已经火化了，只有一个小小的骨灰盒。天已近午，坟穴却刨不出来，地冻得像石头，一镐下去，溅起几个火星子，却刨不出多少土。几个人轮流刨，还是不行。最后甚至借了一个挖掘机，也只刨下了不到四十公分。时间到了，再不砌坟就来不及了。几个人搬下砖，把石灰和沙土和在一起。水是从暖水瓶里倒出的热水，搅拌几下，就成硬硬的一块了。站在田野里的几个人，冻得几乎虚脱了，只好把砖干砌上，把石灰洒在砖缝里，再用水浇一下。坟里最怕有水，别人家都是儿女用黄表纸给烘干了，俗称暖炕。可立志的坟，表面上是干的，却是浮了一层冰。

转过年来，一个私企扩厂，把立志的坟圈在了里面。因为要硬化，几次通知燕儿挪坟，燕儿没来。这家子也专横，就先开始把浮土打灰土，旋耕机耕过去，就把立志的骨灰盒耕了出来。老板走过去提起来看了看，骂了句，埋得也太他妈浅了。就提着，扔进了附近的一个枯井里。等到立志的娘来挪坟，没找到骨灰盒，只好抓了把土，点上刀黄表纸，象征性地移着走了。

七、飞翔

立志的遭遇我是后来才听说的。那天晚上，立志又加班到八、九点，自己骑着自行车回家，路上被车撞了，当时也没感觉怎么样，人家赔了五百块钱，就自己骑自行车回来了。到家，自己做的饭，吃了，就在偏房的小床上睡了。第二天早上，燕儿发现立志没起来做饭，就穿上衣服跑到偏房，看到立志还在睡，胳膊和膀子都露在外面。忍不住厉声斥骂了几句。见还没动静，就抬脚踢了他一脚。这才发现动静不对，把手伸过去一摸，已经凉了。

燕儿急忙把他背起来，背到楼房里的床上。碰下床头昨晚立志自己倒的一杯水，杯子掉到地上打碎了，水已经冻成冰坨子，馒头一样在地上滚来滚去。

然后燕儿给120打电话，给婆婆打电话。救护车呼啸着跑来，从医院直接拉到了火葬场。

事后我陪着去查了交警的监控录像。发现立志像喝醉了酒一样骑着自行车在公路上走着，一辆大头车躲闪不及，把他一下子撞飞了。监控录像的角度很好，立志穿着油田发的橘黄色工作服，就像多年前的那只鸟，非常优美地画了一个弧，斜斜地飞了出去……

后来还是找到了肇事车。因为没有证据证明就是因为车祸而亡,人家赔了八万块钱。燕儿用这钱买了一辆轿车。完成了立志给燕儿买轿车的最后一个奋斗目标。

八、其实你才是那只鸟

立志死了以后,燕儿要把楼房卖了改嫁。现在立志的娘不愿意了。立志的娘外号小辣椒,当年也是踩一脚房子也颤一颤的人物,立志的奶奶活着的时候怕她怕的跟老鼠见了猫一样。可是一物降一物,硬是让燕儿弄得没了脾气。虽然没了脾气,这时候也不能沉默了,她说,房子是你的,你怎么卖也可以,可地基是我家的,你要把房子扒了卖。

燕儿没办法,又舍不得房子,只好跟别人学,招一个人来。招来的是一个山里的汉子,姓牛,也是黑黑瘦瘦的,跟立志有几分像。而且脾气也像,只顾闷着头干活。老朱来了,也是买好酒好菜伺候。

既然经受住了考验,燕儿就答应了小牛的要求,两个人领了结婚证,办了一个简简单单的婚礼。结婚第二天,老朱来了。小牛招呼着,从饭店订了宴席,让送到家里来,又开了两瓶好酒,两个人要一醉方休。当天很尽兴,小牛说了很多感谢的话,老朱也忘乎所以了,当着小牛的面,和燕儿拉拉扯扯。

酒进行到最后,小牛搂着老朱的脖子,说,哥,走,咱先出去撒泡尿。老朱嘻嘻哈哈跟出来。到了院子里,小牛一拳打在老朱脸上,老朱两颗门牙就光荣退休了。然后抓着头发,一下子撞到老朱的桑塔纳前挡风玻璃上,玻璃哗啦一声就碎了。鼻子、额头比较高一点的地方就都破了,血淌了满脸。小牛又把他拽回来,让他仰面摔倒在地上,一脚踹到裤裆里,估计以后他不会再有儿子了。

燕儿在屋里听到吵闹跑出来,吓得惊叫一声,赶紧报警。警察来得很快,把小牛抓走了。因为老朱也没追究,所以小牛被拘留半个月又放出来。

只道是小牛喝醉了,而且对燕儿还一直客客气气的。虽然燕儿收敛了许多,可是不久还是禁不住诱惑,大概是还当立志活着的时候,又出去呆了三天。回来以后发现小健被锁在屋里,好像三天都没吃过饭,饿得都哭不出来了。

气得燕儿转身就出去找小牛,还没出大门口,小牛回来了,随手就把门关上了。燕儿害怕了,可嘴里还硬着。

小牛朝她微笑了一下,一拳就打在了她的嘴上。燕儿吐出两颗带血的牙齿,嘴唇随即肿起来。她想继续骂他,可是骂不出来了。一顿拳脚打下来,燕儿感觉命都要没了。

小牛最后说,再这么下去,我能让你娘俩和老朱一家都他妈归天你信不信?有什么不信的?这小牛就是个亡命徒,自己是引狼入室啊。

据说以后燕儿再没出去过,老朱也没敢来过。平静的日子流水般过,燕儿又在楼房的一楼开起了理发店。人长得漂亮,技术也还行,买卖还真不错。

每次回家,我都去找燕儿理发。那次我又去,发现燕儿正坐在院子里晒太阳。突然,我看到院子里的白杨树上有只美丽的鸟,橘黄色的羽毛,头顶有几根绿色的。正是当年我跟立志捉过的那种鸟。我的眼睛湿润了,这样的鸟,三十多年来我似乎从来没再见过,以为早就绝迹了,却原来在这里还隐藏着一只啊。

我对树上的鸟说,立志啊,你一辈子都想着捉鸟,其实你才是那只鸟啊,一辈子都没跑出自己编的笼子。我的泪如雨下,急忙偏了头。燕儿问我,自己在那神神叨叨说什么呢?

我哽咽着说不出话,那只鸟却啪嗒一声从树上落下来,掉到院子里的水泥地上,死了。燕儿说,正是种冬小麦的时候,鸟儿们吃了洒落在地头的浸泡了农药的种子。几乎天天有死鸟。说完,就把那只美丽的鸟一脚踢到了院子的角落里。

电影的诱惑

电影就那么一束光，射出去，射到一块白布上，马上就出现了山川、人物，中国的、外国的，现代的、古代的，我们见过的、没见过的东西都有，简直太神奇了，太让人无法思议了！

在那个基本没有其他娱乐活动的年代，电影的诱惑实在让人无法抗拒。

公社的放映队，是弄来一个片子，一个村一个村轮着放。我们就跟着看，一个村子都不落，有时要跑出十几里路。而在我们村北边有个刘村，紧靠着铁路，并且有一个小车站，还能看铁路上的电影，铁路上总是放新片子，而且没有垫片子（正式放映前的电影简报，如同现在的新闻），虽然隔着近二十里路，只要听说有电影，我们还是忍不住要去看。

那天一放学，大头神神秘秘对我说："我爹说今晚刘村有电影，可能是铁路上的，咱去看吧。"秋风刚刚起，玉米已经长到一人高了，我往北边看了看黑乎乎的远处，有点害怕地问："就咱俩？"

大头咂了一下牙花子，挠挠头说："要不咱再约上李文革。"李文革是我们班个子最大的，可以给我们壮胆。我俩偷偷跟李文革说。不能让太多人知道，知道的多了，都去看，明天我们在班里发布的新闻就不新了。

李文革个子大，裤腿都快到膝盖了，还烂了个大窟窿，我们约他，他自然高兴得不得了。于是我们约好，各人回家卷个煎饼，边吃边走，免得耽误工夫。也就几分钟吧，我们就汇到了一起，偷偷出了村。

刚到村口，遇到我村最漂亮的姑娘喜鹊，刚刚打完猪草要回家，看到我们三个，她问："偷偷摸摸干什么去啊？"喜鹊又不是我们同学，不会抢我们在同学间的话题，于是不背她，偷偷跟她说了看电影的事。喜鹊脸一红："我也想去，我跟你们一块去吧。"本来我们三个就对夜路害怕，有个大人跟着自是求之不得。于是说："那你赶紧把猪草放回家去，我们在这等着你。"

有喜鹊做伴，我们大胆多了，一路上有说有笑，并没觉着累，也没害怕就到了。可到了放电影的地方一看，却是一个人都没有。我们就一块埋怨大头，大头说："可我爹亲口跟我说的啊。我爹就在前面看大桥，今天回家拿东西了……"

正吵着，远处走来一个人，看那一瘸一拐的样子，正是公社放映员小刘，原来还是我们公社的放映队。小刘两条腿不一样长，看上去显然心情也不好，对着我们嚷嚷："吵什么吵？"可他看到喜鹊，说话马上柔和起来，他说："你们是阳村的吧？本来今晚上要在这里放电影，可放映机坏了，明天就修。这次放映计划从你们村开始，后天就到你们村去。"

没看到电影，得到这么一个喜讯也让人振奋。

往回走的时候，腿开始发酸。路边的杨树叶子"哗啦啦"响着，近处的玉米地，还有不远处的几个隐隐约约突兀的坟包，时时飘荡着一股瘆人的鬼火，令我们头皮一阵阵发毛。我们簇簇拥拥挤到一块，听到鞋底踢到沙路上的"沙沙"声。喜鹊也跟我们促到一块，我们隐隐感觉她喘气也有点粗。一不小心，小脑袋就碰到她胸前的两坨肉，有一种挺舒服的感觉，于是几个人都挤着往她跟前凑，可是我和大头却怎么也挤不过李文革……十几里路啊，好歹回来了。

我们希望在村子里遇到几个人，分享我们的好消息。可是天凉快了，竟没见乘凉的，只好怏怏地各回各家，说给我们的父母听。当然第二天，我们三个都早早到了学校,都想第一个告诉同学们。

第三天下午,刚上了两节课,校长就让我们放学了。各人回家早吃饭,吃饱了好去占地方。生产队长也早放了工。演电影是大家的节日,还有邻村的亲戚朋友来吃饭、看电影呢。

太阳还有一竿子高,放映员小刘骑着一个三轮车来了。车兜里放着放映机、银幕和片子,小刘的头发梳得铮亮,中山服口袋插着一支钢笔,亮闪闪的笔帽不时反射一下阳光。大队长老孙迎上去,脸上荡漾着满是笑,眼睛都笑没了,藏进那层层叠叠的皱纹里。小刘下来车子,伸出手,跟老孙握了握。老孙后面还跟了一群人,其中就有漂亮的喜鹊,还有民兵排长李大成和大队会计王中华一大帮人。小刘往后看了看,微笑着扬了扬手,嘴里说:"让大家久盼了。"大家纷纷扬扬说:"早就盼着了……"如同李永奇看着了杨子荣的剿匪小分队。

老孙早就在大队部安排了酒饭,几个人簇拥着一瘸一拐的小刘,有人还给他推着三轮车。到了大队部,一拉电灯,竟然停电了!老孙就惊出一身汗,说:"坏了坏了,总算把你盼来了,却停电了。"眼睛可怜无助地望着小刘。小刘已经坐在桌子边,自己倒上一杯酒,一仰头,"滋溜"喝了一口。然后拿眼瞟了一下老孙,吧嗒吧嗒嘴,才缓缓地说:"公社有个发电机,我写个条,找两个人去拉来不就行了?"

老孙一拍大腿,高兴地说:"好啊!李大成,你马上去拉了来,我们给你留饭。"李大成脸一红,说:"可是我不会骑三轮车啊。"老孙又看了看王中华,王中华说:"我也不会。据说会骑自行车的不会,不会骑自行车的倒是会。"喜鹊说:"我不会骑自行车,我去!"老孙说:"那就请小刘快写借条吧。"小刘不说话,把桌上的烟拿起一根含到嘴上,老孙立即划火柴给他点上。他悠闲地吐出一口,看烟圈在头顶袅袅娜娜徘徊。队长已经把纸和笔放到了他面前,小刘把笔拿开,从口袋里掏出自己那铮亮的钢笔,稍微甩了甩,"刷刷刷"

写了几个漂亮的字,递给了喜鹊,换上一副笑眯眯的眼神说:“在公社的西院仓库,去到把借条给老吴,再找几个人和你一起去抬上。看你娇滴滴的身子,怎么搬得动……”

队长于是安排李大成和王中华,一人骑辆自行车,陪着喜鹊去。

等到三个人拉着发电机回来,银幕已经挂在村中央的两根电线杆子上了。队长没食言,不但给三人留了饭,还在放映机前给他们占了位置。几个人七手八脚把发电机里灌了柴油,发电机就“突突突”响起来,接好早就准备好的电线,远处放映机那儿电灯“扑嗒”亮了。因为电影是本公社首放,聚集了足有七八千人。王中华在前面喊着开道,让出来的一条小道一行人鱼贯进入。

电影很精彩。可是刚刚放了两片,喜鹊就感觉小腹胀得慌。姑娘家看电影,最害怕的就是撒尿。平时都不敢多喝水,可今天去拉发电机,有点累了,进来前怕跟不上趟又没去上厕所。好歹加紧了大腿,又坚持了一片。终于,她感觉坚持不了了,再坚持,就尿裤子里了。她四下里看看,人山人海,后面几个角还在“打呼”,人群像潮水一般汹涌澎湃,李大成拿着大手电,不停地吆喝咒骂。前面人更多,基本上是后面的一倍。可喜鹊判断了一下,还是要往前走,因为前面的人坐的都是小马扎,有地方下脚。于是等着又演完一片,小刘换片子的时候,她站起来,往人群外走去。

喜鹊最怕走在这样的地方,人和人之间的距离很小,脚没地方放,还有些人趁机揩油,不时在腿上摸一把……往往是好歹出去了,电影也开演了,耽误好长一段。

终于挤到人群外,一般是在路边的柴垛里尿。可喜鹊不敢太近了,太近会有很多男人在里面撒尿,很远就能闻到一股尿骚味,并且踩到脚下的柴草湿漉漉的。喜鹊强忍着剧烈的尿意,穿过柴垛,借着夜色,向远处的河堤跑去。终于找到一个自认为隐蔽的地方,迅速褪下裤子,如同开闸的洪水一般酣畅淋漓。刚尿到一半，突然听到身后“扑通”一声，一个人脑袋一下子扑到了她的屁股底下，吓得喜鹊一声尖叫，尿也戛然而止。接着一束铮亮的手电光，照在了喜鹊雪白的屁股和屁股底下的人脸上。喜鹊像踩着了蝎子一样蹦开，并且下意识地提上了裤子。一回头，发现倒在地下的脑袋，脸上沾了尿液和柴草。喜鹊还没看清是谁，后面跑过来一个人，又一脚踢在那人屁股上，嘴里喊着：“叫你耍流氓！我踢死你……”喜鹊听清了，踢人的是民兵排长李大成，而倒在脚下的是放电影的小刘。

小刘嘴里说着：“我们谈恋爱的，你管得着吗？”一边双手抱头，缩成一团。

李大成嗓门带火，边打他边问喜鹊：“喜鹊你说，你们是不是谈恋爱？”

一句话，把刚刚镇静下来的喜鹊逼到了悬崖的边上。邻村就有个小青年，因为拦住一个姑娘欲行不轨，刚刚以流氓罪被判了死刑。小刘这个事，说轻不轻说重不重，要是公安局追究起来，没个十年八年下不来。那么谁来放电影？让人魂牵梦绕的电影啊，是不是就再也没机会看了？而如果是谈恋爱，这一切就迎刃而解了。喜鹊的大脑飞快运转，远处看电影的人的笑声欢呼声却不时传进她耳朵里。那一刻，她做出了决定，一下子趴在小刘身上，大声说：“李大成，我们就是谈恋爱的，你怎么着吧？”

李大成本来解下了身上的武装带，抽了他两下，此刻却扬在半空，落不下来了。刹那间，竟然“哇”得一声哭出来，与刚才的强悍判若两人。把小刘和喜鹊都怔在那儿。李大成哭泣着说：“喜鹊你不要这样，你是被他欺负了，我给你报仇！我暗恋你好久了啊，你跟我总比跟个瘸脚好吧，我会对你好，把你当成菩萨供着……”喜鹊说：“你别说了，我就看上小刘了，我就愿意嫁给他，你还是死了那条心吧。”

刚刚小刘出来的时候，让王中华帮忙看着放映机，因为喜鹊跑得远，看电影的人又看得入迷，竟没人听到这边的争吵，现在电影放完了一片，王中华不会换片子,大家等得急,怎么也不见换片,银幕上还有道白线在嗤嗤响。于是有女人又到远处解决个人问题的时候,发现了这边的争吵,纷纷过来围了一大圈。

小刘倒是镇定,站起来拍拍身上的土,拉起喜鹊的手,穿过人群,向放映机走去。

放完电影喜鹊还没回家,爹已经在堂屋等着她了。喜鹊一进门,爹就大喊一声:“丢人啊! 你真准备嫁给那个瘸子?”声音太大,爹忍不住咳嗽起来,咳嗽得煤油灯如豆的灯头晃荡起来,把爹虚空的影子弄得在墙上晃晃荡荡。喜鹊在墙角坐下,嘴里说:“瘸子怎么了? 人家又不种地。骑三轮车一点都不受影响。”爹说:“可他比你大七、八岁呢。”“七、八岁怎么了? 更知道疼我!”喜鹊甩下一句话,进屋睡觉去了。

尽管爹极力反对,喜鹊还是嫁给了小刘。刚开始,小刘去哪村放电影,喜鹊都跟着去,过足了看电影的瘾。可也招来一些说三道四:一朵鲜花插牛粪上了或者这就是那个被小刘耍流氓耍上的媳妇。弄得喜鹊很尴尬,就不去了。小刘疼老婆,给她买了个小电视,放在炕头上,让喜鹊在家看个够。

喜鹊于是整日收拾得清清爽爽的,又有了城里人的风韵,回娘家的时候坐着小刘的三轮车,风光极了。后来又有了孩子,喜鹊爹喝着女婿送来的好酒,也就默认了这个女婿,而且还时不时地夸夸自己的女婿。

小刘呢,到鞋厂订做了皮鞋,经过锻炼,两条腿的差距被皮鞋补了起来,不好好看竟然看不出腿的残疾来了。

再后来电视机就普及了,露天电影竟然慢慢淡出了人们的视野,再也没有那人山人海的场面了。小刘也不放电影了,从了政,官竟然越做越大,开上了小轿车。然而两人回娘家的次数却越来越少了,偶尔回来,感觉喜鹊的脸色也不好看。

突然有一天,喜鹊自己回来了。小刘有了新老婆,他们离婚了。

喜鹊的爹开始继续骂:“一开始我就感觉那小子不是东西。这种方式组成的两口子能长久吗?你就是看电影看入了迷,迷怔了,早晚还是让那个畜生骗了……”喜鹊不说话,有时抹两把眼泪,眼睛显得迷迷茫茫的。

一天,李文革来提亲了。李文革现在开了一家小工厂,一年能挣不少钱。开上了豪车,穿上了名牌,再不是那个穿着补丁衣服的小男孩了。只是不知为何,却一直独身。

喜鹊却对李文革说:“我比你大七八岁呢。”

李文革说:“七八岁怎么了,更知道疼我。”

喜鹊的眼前就有点恍惚,感觉这句话很熟悉。于是返身进屋,再也不出来了。李文革站在门口,说:“从我十来岁那年,虽然还是小孩子,我们三个约着你去看电影,那时候我就爱上了你,我梦想着有一天能够娶你。可是我知道没有资格,你又嫁的那么风光。真没想到今生还有机会,我才知道我一直在等着你。这次我不会放弃了,我发誓:我一定对你好,我不会变心的。”

喜鹊在屋里叹气,突然说了一句诗样的语言:“露天电影演绎百味人生,百味人生啊也是露天电影。”

李文革哭了,默默站在门外不再说话。

我和大头知道了此事,赶过来,帮着李文革说和。好在李文革的努力没有白费,终于换取了喜鹊的芳心。

结婚那天,李文革只请了我和大头。我们三个喝酒,从中午一直到黄昏。谈起以前的事,恍如昨日。我看了看表,对大头说:“他俩该入洞房了,我们也该走了。”

大头嘴里嘟哝着:“是啊,我们该走了。”却一头钻到了桌子底下。喝醉了。

光　头

天还没大亮,玉成老汉就起来了。在院子里大声吆喝老伴:“把我们家的电推子给找出来!”

山村并不大,村这头鸡叫那头就听到了。玉成老汉的吆喝声把全村都喊醒了。拿着电推子,他去砸儿子家的门:“小宝,小宝,快起来,爷爷给你剃头!”过了不大会,门开了,出来的是儿子金光,金光说:“天还早哩,爹。小宝还睡着,你找他干啥?”玉成老汉说:“他没起来我等他会。金光啊,你给爹剃剃头。”

金光说:“我哪会剃头啊,我也就能推光了。”“推光就行,我就是要推光!”玉成老汉坚定地说。

儿子拗不过爹,把爹让进屋里。暮秋的天气,风硬哩,漫街过巷嗖嗖窜,要在外面,非冻感冒不可。金光一边给爹剃,一边劝爹:“天要冷了,你又不喜欢戴帽子,还要到山上去放羊,那风多硬啊,你这是唱的哪一出啊?”玉成老汉不接他话,只是板着脸说:“快剃!”

光头吗,好整,一会就行了。玉成老汉摸一把,满头的发茬硬硬地扎手,地下是一团花白杂乱的头发。玉成嘿嘿一笑,命令儿子:“坐下!”金光不知所措,不过爹从小就规矩大,也只好乖乖坐到椅子上。玉成老汉可是剃头的老把式,儿子的头发从小就是他剃的。看来是父亲要给他剃头了。

电推子呜呜地响着，在头顶盘旋，金光感觉有点不对劲了，怎么直通头顶就去了？金光拿手一摸，额头到头顶剃出了一个金光大道，金光一下子就坐不住了，“噌”一下站起来，说：“爹，你这是？你让我怎么见人啊？”金光开着一个小公司，平时收点山货，大小也是经理，管着几十号人呢。

玉成老汉低喝一声：“坐下，别动！”金光想到也就这样了，就别惹爹生气了，大不了戴几天帽子。又乖乖坐下，爷俩并不答话，一会地上在花白头发上压了一层黑头发，金光的头也白灿灿放光了。

玉成老汉又去喊孙子。正好老伴过来喊他回家吃饭，看着爷俩光光的头，忍不住哈哈大笑。儿媳从屋里走出来，也忍不住笑了。小宝揉着眼睛出来，玉成老汉说：“小宝过来，爷爷给剃剃头，不耽误去上学。”小宝说：“我的头刚剃了，头发还短呢。”

奶奶、妈妈也跟着说：“天要冷了，就别给他剃了。”

玉成老汉说：“不中，一定要剃，快坐下。”

大家看着玉成老汉如此坚决，不好驳他面子，就说：“小宝坐下，让爷爷把边给清一下吧。”

小宝不情愿地坐到椅子上，玉成老汉拿过推子，还是老办法，一推子到头顶，小宝用手一摸，“哇”一声哭出来。

奶奶在旁边骂起玉成老汉来：“你今天是不是疯了？……”

不但玉成老汉疯了，这一天来村里办业务的、走亲访友的发现这个村子里所有的男人都疯了。大大小小，老老少少，走在大街上一片光光的秃脑袋。他们打听，你们村的男人今天怎么了，集体犯精神病了吧？还是少林寺要来整体接收啊？

吃过午饭，那一片光脑袋聚集在了村头，太阳一照，明晃晃一片。

一辆汽车从远处驶来，走到村头，吱一声停下，从车上下来一个同样光光脑袋的人。

这个光脑袋的人叫强子,以前曾经走街串巷收山货。一天正走着,忽然发现两个人贩子偷走了村里瞎婆的孙子,瞎婆的儿媳死了,孩子就是瞎婆的命根子。强子拼了命抢孩子,被人贩子刺了一刀,强子抢过刀刺向人贩子,一个被刺死了,一个吓跑了。孩子得救了,强子却因防卫过度入狱一年。

今天是强子出狱的日子。他一下车,发现了那一片光光的脑袋,眼睛一下就湿润了。玉成老汉大声说:“强子永远是我们村的英雄。”

阿 P 买 树

阿P下岗以后,看到羊肉价格飙升,就到附近的乡村承包了二亩荒山,专门在那里喂羊,想发一个“羊财”。

一天,阿P下山买饲料的时候,遇到一个愁眉苦脸的老人。阿P喜欢多管闲事,就和老人攀谈起来,得知老人叫有庆明,是附近有家庄人。老人院子里有棵老槐树,不知多少年了,反正老人小的时候就在那儿了。现在老人的孙子要结婚,急需翻盖房子,老槐树在院子里,要占一大片地方,新房子要加大,就没有老槐树的地方了。老人舍不得砍树,想找个地方移栽,可是没有合适的地方,就去县里找林业部门。林业部门的领导说:“我们县里唐楸宋槐尚有不少,都保护不过来,你这棵树,撑了顶是明朝的,自己想办法吧。”老人只好去找买树的贩子,贩子只给八百块钱,还说:“槐树做不了家具,只能做个锨把锄柄的,弄不好我们还要亏本呢……”

有庆明舍不得把树砍了,一边跟阿P说一边唉声叹气。阿P本来就是个心血来潮的人,听老人这么说,忍不住就想去看看。他跟着老人到家里一看,只见老槐树的树干粗壮,一个人都抱不过来,树冠亭亭如盖,树荫几乎遮住了半个院子。阿P越看越喜欢,一冲动就对有庆明说:“八百块钱我要了,栽到我养羊的荒山院里,反正我有三十年的承包权。”

有庆明一听说阿P要把树栽起来,激动地握着他的手说:“你愿意移栽,给五百块钱就行,再少点也可以。”阿P说:“那怎么行,别人给多少我给多少。”两个人一番推让,最后六百元成交。

阿P买下树,才想起来自己没有工具,这么大的树怎么弄回去呢?只好联系了专业的园艺公司,把树挖出来,又找来吊车,想把大树吊到车上拉回去。

一番折腾,用去了大半天时间,阿P给老婆小兰打电话,让她来领着拉树的车往回走,自己领着挖掘机先走一步,挖好坑等着,等树来了直接栽进去就行了。小兰过来一看就生气了,说阿P办事不过脑子,本来就没钱,还胡乱花钱。阿P紧着解释了一番,好说歹说,小兰总算答应领着汽车和吊车往回走。

阿P在自己承包的地里瞅好地方,挖好树坑,可是左等也不来,右等也不来,给小兰打电话也不接,阿P急了,就直接骑上摩托车去了有庆明老汉的家。可是院子里空空荡荡,有老汉说:“他们走了一个多小时了,应该早到了啊!”

阿P一听,急得直搓手,是不是出了什么意外啊?他拿出手机,给小兰的朋友和亲戚打电话,小舅子告诉阿P:“姐姐在我家呢,早就来了。”

阿P骑上摩托车又去了小舅子家,小兰果然在那儿。阿P忙问小兰树哪儿去了,小兰说:“我卖给一个木匠了,还挣了二百块钱呢。”阿P说:“卖多少钱挣二百?”小兰说:“八百啊,你不是六百块钱买的吗?”

阿P那个气啊,说:“好你个败家娘们,你只知道我买树花了六百,可是你知道我雇吊车、挖掘机花了多少吗?近两千啊!快告诉我树拉到哪儿去了,还有,为什么我打电话你不接?”

小兰一听也心疼了,说:“我还不知道你那牛脾气,不接电话我不是怕你跟我吵架吗?”

小舅子也在一边说:“赔点就赔点吧,姐夫你赔的还少吗?你见过谁家往自己院里栽槐树?‘槐’字怎么写?一个‘木’一个‘鬼’,那是鬼树,会给人带来霉运的。”小兰一听也害怕了，忙说：“就是就是，卖了算了。”

阿P却不依不饶道：“都什么年代了，还迷信！快告诉我树拉到哪儿去了？”

小兰知道，阿P认准的事八头牛也拉不回来，没办法，还好留了吊车司机的电话。阿P急忙打电话，吊车司机告诉他，树已经从车上吊下来了，还好没锯断。阿P说：“千万别锯啊，你抓紧给我再吊到车上，我给你和卡车司机加钱！”

阿P又给加上五百块钱，才好歹把树栽到了自己院里。小兰那个气啊，闹情绪住在娘家不回来了。阿P也不去叫，只是自己起早贪黑给羊添草、加水、放料。你别说，这些活两个人干还挺轻松，可是放到一个人头上就难多了，阿P睡不好吃不好，连眼圈都黑了。

过了四五天，小兰却笑眯眯地回来了，还给阿P买了许多好吃的。看到那笑，阿P本能地感到有敌情，不知道她又要闹哪样。小兰笑着说：“阿P啊，你还是有眼光的，这下你要发财了。”

阿P警惕地说：“我发什么财？我每次买彩票，连五十块钱都没中过。”小兰依旧笑眯眯地说：“富贵苑的刘老板找到我，要出三万块钱买咱的老槐树呢。”

富贵苑阿P知道，那是个富人的别墅区，全是青砖灰瓦的仿古小四合院，哪一套也要好几百万元。小兰又说：“富贵苑走的是仿古路线，可是盖起来了，却没有点古玩意儿，所以卖得并不好，刘老板要打咱这古槐树的牌呢。”

不料阿P牛劲上来了，脖子一梗，说：“不卖！我答应有大爷了，就咱自己栽着乘凉。”小兰没有生气，笑着说：“对，不卖！咱家阿P有主意，我是头发长见识短，上次要是听了我的，可就吃大亏了。这树啊，备不住还涨钱呢。”

果然，第二天刘老板亲自来了，他对阿P说："你要是觉得三万元少，我们还可以加。"阿P说："没得商量，多少钱也不卖！"刘老板只好讪讪地走了，一边走还一边说："你可真是看见财神往外踢啊。"

过了几个月，有庆明领着一个年轻人来了。年轻人对阿P说："我叫有祥如，也是老有家的人。"阿P说："姓有的人还真不多。"有庆明说："是啊，咱这里有句俗话'天下少有'。全国姓有的有一半在我们有家庄。"

年轻人说："我们祖先有子，本是孔子的学生，叫有巢氏，善于在树上建房子，可惜留下的后人不多。咱们这一支，是在明朝洪武年间从山西老家的一棵老槐树下出发，来到了咱阳州府。当时老祖宗从那棵老槐树下挖了棵树苗，带来栽到了院子里，告诫后人不要忘了祖宗。"

有庆明说："这是我堂哥家的孙子。我堂哥1949年去了台湾，多少年魂牵梦绕，一直没能回来，但他忘不了老院子里的槐树。这不，他的孙子有祥如回来投资，也替他看看老槐树，可是我愧对老祖宗，把古树卖了，唉！"有庆明眼里流下了泪水。

有祥如对阿P说："爷爷告诉我：'槐者，怀也。'无论身在哪里，永远不能忘了故土，所以我想把老槐树买回去，栽到我投资的工厂的院子里，多少钱您说，五万、十万都行。"

阿P听着，也落了泪，说："好，我卖给你。"有祥如两眼一亮："你出个价。"阿P伸出三个指头，又伸出两个指头。有祥如脚一跺，说："好，三十二万就三十二万。"阿P笑着摇摇头。有庆明在一旁忍不住了，说："还嫌少？你也太没数了吧？"

阿P说："不是少，是多了。树本来就是你家的。我栽上花了三千二，你给三千二就行了。"

小兰知道后气得直跺脚，不过这次她没发作，阿P这样的事做得太多了，她都习惯了。

只要心里有盏灯

周强20岁那年，复读未成功，又一次以2分之差名落孙山。

周强把自己关在屋里，三天都没有出门。母亲的腰疼病又犯了，躺在床上不住地呻吟。周强再次复读是不可能了，家里能去借的地方都借遍了，再加上母亲的病，早已是债台高筑。

第四天，天一亮周强就起来了，跟着父亲向责任田走去。父亲的腰弯了，走在前面扛着锄头不停地咳嗽。周强看着这荒芜的山村因为缺少雨水，所有植物的叶子都没精打采的。而那二亩贫瘠土地上的责任田里的庄稼，更是奄奄一息的苟延残喘，父亲几乎是在做着无为的努力。

周强的眼睛湿润了，这将会是自己后半生苦苦生存的地方，再过二十年，自己将会有着父亲一样的驼背，一样的满是沟壑的脸庞。

那一刻，周强的心底里蹿出一个念头：趁现在还没像父亲一样套上缰绳，一定到北京看看，看看清华，看看北大，即使流浪也不回来了。

家里穷得是一分钱都没有了，啥也别指望。周强收拾了几个干粮，用捡来的矿泉水瓶装了一瓶白开水，给家里留了个小纸条，就开始了他的梦幻之旅。

铁路是向外延伸的，总会有不被包围起来的部分，沿着铁路，他混进了车站，混上了列车，在厕所里躲过检票，竟然成功到达北京。

站在清华大学的门口,他心里翻江倒海般的折腾。如果不答错那道题,他可能就会站在这校园里,可能会有一个美好灿烂的前程。而现在,只能徘徊在门外,然后回去面对那二亩贫瘠的责任田,终其一生,碌碌无为。人生啊,分界点在那一刻显得真实而残酷。

带来的饭已经吃完了,他只能喝点路边的自来水充饥,他也不敢去车站,那里有专门遣返盲流的人员。他就卧在离车站不远的一个小巷里的屋檐下。旁边还有一个卖茶叶蛋的脸色苍白的姑娘,守着两个冒着热气的盆子,头顶一盏昏黄的灯。卧在檐下的漫漫长夜,灯光给天生胆小的他增添了许多力量。有一天他实在饿坏了,蹭到茶叶蛋旁,他想抓个茶蛋就跑。姑娘却好像看透了他的心事,抓了两个煮爆的鸡蛋给他。

但这不能解决他永久的饥饿啊！他瞅准离姑娘不远处有一辆自行车,于是把自行车偷出去卖了五十元钱。

这下他可以大大方方的买两个茶叶蛋了,也顺便和姑娘聊了聊。姑娘说,我看你有良好的习惯,每天把报纸舒平垫在身下,像是受过教育的,不会是盲流吧?

他的委屈一下子就上来了,他把自己的遭遇如实告诉了姑娘,夹杂着他的不平和愤懑。姑娘却显得平静,听完了他的叙述,姑娘说,你说的纵然可怜,可我要有你的生活,我还会感觉幸福无比呢。你知道我为什么每天都站在这里吗,我在心里想看更多的人,更多的风景。你知道吗,我和你同龄,可我得了白血病,怕是将不久于人世了,能活着,是一件多么幸福的事啊！命运,只要你不放弃,就一定会有转机!

他一下子惊呆了！那一刻,他感觉到,有生命,有家,还有什么不能满足的。他突然想起了病榻上的母亲和佝偻着腰的父亲,他想回家了。而真正使他下定决心的,还是姑娘的另一句话,昨天这里丢了一辆自行车,派出所正在找呢。

他于是用剩下的钱买票回了家。年底部队来招兵，他应征入伍。第二年，他考上了军校，当了军医。又过了两年，他被调到了北京。

他突然想去姑娘那儿看看，尽管也许姑娘已经不在了。可是如果没有她，他还是那千千万万盲流中的一个。

一转弯，姑娘还在，如同几年前一样，依旧守着那两盆热烘烘的茶叶蛋。他惊呆了！他想知道是什么给姑娘创造了奇迹。

没想到姑娘只是淡然一笑，我只是有点贫血，根本没病。而且她还想着那辆自行车，她说，那辆车是我的，我看着你推走了，可听了你的遭遇，我想帮助你……

还有什么可犹豫的呢，这几年周强总感觉心里有盏灯，原来灯就在这儿呢。

像许多童话里讲的，从此他们过上了幸福的生活。

一双绣花鞋

七爷静静地坐在院子里的柿子树下。眼睛半眯,温馨从容。暮秋的阳光温暖而惨淡,透过累累的果实和如铁的枝干,静静地铺泻在七爷身上,如同镀了一层薄薄的金纱。

七爷已经八十多岁了,孤身一人。柿子树的叶子已经掉光,只剩下一个个柿子挂在树上,如同一盏盏金黄的灯笼。七爷感觉自己就如同树上的柿子,不一定什么时候就会“啪嗒”一声跌落到地上,完成这一生的使命了。

院门一开,一股秋风随着卷进来,扬起地上金黄的树叶。随着秋风卷进来的还有两个汉子,扑通一声跪在七爷的面前。七爷叹一口气,不用说话,就啥也明白了。七爷急忙起身进屋,只将两个汉子让到院子里的椅子上坐着。

七爷年轻的时候本来有一个青梅竹马的女人,长得明眸皓齿,红彤彤的脸蛋就如同这柿子。七爷也已经到了谈婚论嫁的年纪了。七爷的父母给张罗开了婚事,七爷却为了进城买结婚的用品,被人一顶军帽扣到头上,就去当兵吃军粮了。七爷先是剿匪,接着抗日,然后就是跟解放军作战,又临场起义,参加了解放军。当他当兵回来,已经是十几年后的事了,七爷的女人早已成为了邻村宝林的老婆。

一日,七爷喝了一斤老白干找到宝林的家。宝林的眼睛也红着,一副拼命的架势。七爷却一下子给宝林跪下了。七爷一把鼻涕一把泪地诉说,民国三十一年,正是抗日最艰苦的时候。一场大霜提前来临,又把鲁中刚开花的高粱全冻在了棵子上,使当年颗粒无收。天灾加国难,让阳镇一带饿殍遍野。七爷的父母也难逃厄运。而当时七爷生死未卜,更多的传闻是七爷早已命丧他乡,守着望门寡的七奶奶更无钱安葬公婆。如果不是宝林帮忙,七奶奶怕早也成了一堆白骨了。

七爷说,宝林,你是我的恩人啊!

七奶奶却躲在屋里一直哭,并没出来看七爷一眼。

七爷在屋里换了一身干净衣服,出来对着院子里的两个汉子淡然地说了声:“走吧。”

邻村的李奶奶,也如同熟透的柿子,不小心一下子跌倒在了地上,就要瓜熟蒂落了。阳镇的旧俗,人要咽气的时候,是要抬到客厅正中的地上。可李奶奶在地上躺了三天了,命若游丝,却怎么也咽不下那口气。儿孙们围在身边,三天三夜不敢睡觉,人人眼睛里有血丝。

李奶奶的儿子坐在老娘身边,不知不觉打了个盹,突然圆睁双眼,对他两个儿子说:“快去阳村请七爷!”

两个儿子还欲再问,李奶奶的儿子摆摆手,说:“别问了,去到要给七爷跪下!”

此时的七爷已经来到了李奶奶身边。李奶奶的脸上竟荡起了一丝红晕,试探着还要坐起来。七爷没说话,从怀里掏出一双精美的绣花鞋,鞋上绣着两朵艳丽的并蒂莲,一对相亲相依的鸳鸯。七爷轻轻地将鞋塞进李奶奶的被子里。

李奶奶的眼睛终于闭上了,脸上带着满意的微笑。

在阳镇,“鞋子”和“孩子”同音。而且阳镇人也懂得,女人的孩子是男人给的。因此也就有习俗,每当结婚的时候,作为象征,男人要先将一双绣花鞋塞到新娘的枕头底下。当年七爷就是为了到阳城最著名的刘氏鞋铺买最漂亮的绣花鞋,才被抓了壮丁。

李奶奶就是当年的七奶奶,七爷读懂了李奶奶的意思:今生你没有把你的孩子给我,那就留在来生吧！来生我一定给你生一个最好的孩子。

没几日,当柿子树上的柿子全都落净的时候,七爷也归了尘土。

徇 私

林一凡的办公室在医院大楼的一角，而且在六楼。底下五层的门诊楼，喧闹而嘈乱，唯独六楼冷冷清清。

林一凡穿了白大褂，鼻子上架一副眼镜，悠闲地看报纸。因为冷清，他的手术室就在隔壁，除非大的手术，否则他是不用去医院手术室的。

电话铃响了，是外科的李主任。李主任说，毁容毁得很厉害，是车祸。你先过来看一下。我们该做的都差不多了。

林一凡跟坐对面的小李交代一下，来到住院楼所在的手术室。病号的外科手术已经快结束了，脸上缠了绷带，看不到容颜。李主任说，脸上的伤我已经做过处理，美容整形要靠你了。林一凡点点头，轻轻揭开脸上的纱布看了下，李主任只是处理了伤口。

第二天，李主任打来电话，你可以准备手术了。

林一凡过去，看了一下病人病牌：吕紫娅，女，25岁。

陪伴她的是一个中年妇女，显得清清爽爽的。林一凡把中年妇女叫到隔壁的接待室，问她，你跟病号什么关系？妇女说，我是她表姐。吕紫娅家在外地，这座城市没有别的亲人了。林一凡点一下头，跟她讲述了一下手术可能会出现的问题，然后让她签字。女人从口袋里掏出一个红包，放到林一凡的隔离衣口袋里。林一凡点了一下头，表示知道了。现在的医院就是这样，你不收，病号反而不放心。

手术室里，护士已经准备好了，麻醉师在打麻药。吕紫娅问，能跟原来一样吗？我不会毁容吧？听到她的声音，林一凡的心里颤了一下，目光有些迷离。顿了顿，他说，不会，也许你会比原先更漂亮！

手术还要等一会，林一凡跟吕紫娅闲聊了一会。林一凡知道了吕紫娅曾有一段感情，但现在没有男朋友。那天下班一人骑着电动车回家，被一辆轿车撞倒了，吕紫娅的腿骨折，脸上被撕下来一块肉。吕紫妍虽然没有生命危险，但当时确实吓坏了。而且肇事车也逃逸了。吕紫娅也知道林一凡的妻子去世了，家里有一个四岁的女儿。

要说手术前，为了消除病人的紧张情绪，大夫总要跟病人闲聊一会儿，但不会谈这么多。

手术还算成功，只不过是从身体上采下一块皮贴到脸上缺了的地方。

春天不知不觉就来到了，院里的报春花开出绚丽的黄色。林一凡折了长长的一支，插在吕紫娅病房的瓶子里，春色立即充满了白色的房间。

手术还有几次，比如把伤疤一周的明晃晃的皮肤修一下，这些手术在林一凡隔壁的小手术室就可以做，吕紫娅也顺理成章地住进了林一凡旁边的小病房里，两人接触的机会多了。费用不在医保的范围，吕紫娅的表姐几次暗示林一凡，已经没有钱了，差不多就行了。林一凡却告诉她，医院有笔费用，可以替她交了。

到最后，护士都感觉没必要了，手术的时候提醒林一凡，我们只是做修复手术，像这种割双眼皮，垫高鼻梁的手术好像不在我们的范围吧。林一凡说，这个你不用管，费用我出就是了。

刚开始，林一凡值班的时候，没事就在吕紫娅的病房里。后来不值班他也来，熬了粥，加上红枣、枸杞、桂圆，熬得浓浓的，香香的，一勺勺喂给吕紫娅吃。

一切都是顺理成章，吕紫娅的表姐已经很少来，基本上是林一凡在照顾她。林一凡本是坏脾气的，护士们都怕他，现在却常常把笑容挂在脸上，一如春天里亮丽的阳光。

院里的鲜花次第开放，报春的花瓣被吹散，然后是杏花、玉兰，春天悄然而逝的时候，吕紫娅已经可以跟林一凡走到医院南边的草地上，看蓝天、白云，五彩的风筝在尽情飞舞，吕紫娅躺在林一凡的怀里，尽情享受浪漫的爱情。

当婚事被提上日程，吕紫娅该去见见林一凡的女儿林寒如了。吕紫娅的心里很忐忑，四岁的女孩已经懂事了。吕紫娅买了很多礼物，有新衣服还有林寒如爱吃的零食。

一见面，很可爱的一个小姑娘，跟林一凡很像，而且有一种很亲切、似曾相识的感觉。吕紫娅讨好地说，寒如，喜欢阿姨的礼物吗？林寒如却马上跑过来，抱住她的腿，亲切地说，妈妈，你回来了？

那一刻，吕紫娅呆住了。在想象中，林寒如可能跑开或者用仇视的目光看着她不说话。这样的结果，她根本就想象不到。但转念一想，没有仇视，不是更好吗？

当然吕紫娅还去见了林一凡的父母，准婆婆一把拉住她的手，不自觉间竟说了一句莫名其妙的话，像！连说话的声音都像！尽管相处融洽，吕紫娅心里还是感觉怪怪的。

在约好了登记的日子，林一凡却发现吕紫娅失踪了。林一凡打她手机，关机！到她工作的单位，被告知已经辞职了！

焦灼中，一直等到黄昏，林一凡才听到手机响了一下，打开一看，是吕紫娅发来的短信：一凡，看到短信的时候，我已经离开了这座城市。我看到了你前妻的照片，你把我整成了她的样子。没有经过我的同意，你这是徇私！看在你帮助过我的份上，我原谅你。可是我们也结束了，因为我只想做我自己,不想去做别人!

细细的雨丝淋在林一凡头上。秋天来了,缠缠绵绵的寒雨也跟着来了。

父亲的平安夜

1942年,父亲七岁。

那一年的农历七月十五日,是传说中的鬼节。

三更时分,一块乌云遮住了原本明亮如盘的月亮。

一股阴风突降,天地间骤然变得寒冷起来。

远处山里的狼凄厉地叫起来。

熟睡中的人们被寒气惊醒,纷纷盖上棉被。

第二日一起,天地一片肃穆,树上、房子上竟然盖了厚厚一层霜。

一个月后,所有的庄稼颗粒无收。

正是抗战最艰苦的时候。阳村大集成为鬼子和国民党拉锯战的焦点,晚上则是八路的天下。

那天正赶大集,摆摊的刚刚摆好,就有人跑过来,一边喊着:“鬼子来了!”

人们纷纷四逃,摆好的货物滚了一地。抹得满脸是灰的父亲,躲在一个门楼底下,顺手捡起了一个滚到脚底下的苹果,刚送到嘴边,就被人一把抓了去——那是爷爷,爷爷把苹果还给人家,对父亲说:“还不快回家,鬼子来了。”

那时的地薄,就指望秋后高粱那一季。年关将近,许多人家就断了炊,然后有饿死的人被断断续续抬出来。

爷爷也得了哮喘，整夜整夜咳嗽，白天起来，腰弯成了九十度，一米八的个头，看起来像个虾米一样。看着爷爷的身体每况愈下，奶奶开始找人给他看。

村头的王二先生拿指一掐算，说是先人们追得急，已经把爷爷的魂魄收到祖坟了，需要爷爷的儿子在子夜时分到祖坟里，用爷爷的衣服把魂魄牵回来。

爷爷有三个儿子，大伯十七岁，在外面当八路，已经三四年没有音讯了。还有叔叔，刚刚两岁，因为营养缺乏，一个圆圆的脑袋，大大的肚子，到现在还不会走。数来数去，就只有父亲了，可又不让大人陪同，父亲能办到吗？

爷爷听说后气得把茶壶都摔了，大骂王二先生净出馊主意，简直是无稽之谈！可奶奶信，偷偷做了准备，也跟父亲商量过。

1942年的腊月二十三，天阴得像锅底一样。下半夜，父亲悄悄爬起来，拿着爷爷一件衣服，偷偷出了门。

我们家的祖坟在一里路外，中间是南阳河。父亲走出家门，穿着露出棉花的衣服，使劲吸溜着鼻涕，慢慢爬下河堤。天寒地冻，河里的水全都结了冰。父亲用僵硬的手抓着衣服，过河的时候摔了好几个跟头，鼻子破了，血流下来，头被摔得咚咚响。然后父亲四肢着地，慢慢爬过河去。

河那边是一片小树林，地下还有厚厚的积雪，父亲依旧爬着，穿过树林。

祖坟里遍栽着松树，如同一个个张牙舞爪的妖怪，几个突起的坟头上，不时飘过一阵阵飘渺的鬼火。

父亲瑟瑟地抖着，牙齿不停地碰撞。他不断呼唤着爷爷的名字，祈求祖先们放回他的灵魂。父亲说，爷爷如果走了，只有三寸金莲的奶奶，领着一群孩子，在这兵荒马乱的年月里该怎么活啊？

远处有零星的炸声，不知是鬼子的枪声还是新年的鞭炮，父亲想到鬼子狰狞的面孔，更加剧了恐惧。

当父亲确信已把爷爷的灵魂召回的时候，他发现自己却走不动了，爬也爬不动了，刺骨的严寒把他冻僵了。

父亲蜷倒在一个坟头后面，身下是积雪，身上是渐渐变凉的冷汗。两天了，父亲只喝过一碗粥，他的身体已经虚脱了。我想那个时候，父亲一定如同那个卖火柴的小女孩一样，眼前出现过幻觉……

最后，迷蒙中，他听到了爷爷的咳嗽声。他感觉到了爷爷那弯下的腰里，温暖的胸怀。

父亲高烧不退，迷迷糊糊中似乎是在鬼门关又走了一遭。

等他醒来，发现枕头边有一股清香：那是一个苹果，尽管畏畏缩缩的，可那是父亲一辈子都不曾忘记的美味。

那一天是腊月二十七，父亲的七岁生日。

然而父亲的父亲走了。

本来他是被儿子召回了魂魄的，可是他自己去了坟地，魂魄又被留下了。王二先生如是说。

小时候，每年的腊月二十三，父亲都会在我和弟弟的枕头边放一个苹果。

那几年生活困难，父亲就在院子里栽了一棵苹果树，树上的果子谁都不许动。等到果子熟了，父亲摘下来，偷偷藏到院子里一口枯井里。

父亲一生都不曾知道圣诞节、平安夜，可他知道，我们吃了这个苹果，一年都会平平安安的。

2009年，父亲也如同苹果树上熟透的果子，“啪嗒”一声跌落到泥土里，去陪伴深爱他的父亲了。

腊月二十三，我拿了两个苹果，去到父亲早已了无痕迹的坟墓旁，轻轻放到地上,点一支烟,跟父亲说说话,最后祝愿父亲“愿您在天国里平平安安……”时,忍不住泪如雨下。

回到家,我把一个又圆又红的苹果放到女儿枕头边。

早晨起来,女儿喊一声:“谁把苹果放到我床上了? 我要吃桔子。”然后“啪嗒”一声把苹果扔到地上,苹果在坚硬的地面砖上蹦跳两下,发出几声痛苦的呻吟,然后遍体鳞伤。

我强压怒火,对女儿说:“你今年七岁了,那一年你爷爷也七岁……”

母亲走过来说:“要过年了,就别说那伤心的事了。”

那些年，工厂里的那些人

一、王二划拉

有个故事说：某企业一条大型生产线坏了，请了好多人都没有修好。最后没办法了请来个外国专家，专家在生产线前站了一会儿说要一万美元。领导们立即连夜开会研究，认为机器价值几百万美元，一万美元合得来，于是就答应了。专家用一支粉笔在一个地方画了一条线，说："从这里打开看看。"原来只是有两条小电线磨损连电了。

机器修好了，国人却议论纷纷。认为外国人也太狮子大开口了，划拉条线就拿走我们整整一万美元外汇。专家耸耸肩说："画线一美元，技术九千九百九十九美元。"

王二划拉就是我们厂里专管划拉线的人。

王二划拉整天带着维修车间的一帮青工，这里走走那里转转，哪台机器坏了，他就划拉一下。只是他要不了一万美元，他一直是个临时工，干一天十块钱，合一美元多一点。

王二划拉名字由来的另一个原因是他还特别好划拉破烂，废纸烂木头，得什么划拉什么。这也不怪他，家在农村，家里穷，他总得想办法增加点收入，当然这少不了刘大嘴明里暗里帮他。

话说有一年厂里从德国引进了一台车床，安装起来了却怎么也不能运转，急得跟来的专家团团转。

转归转，那德国人挺牛皮，穿着火红的工作服，趾高气扬，指手画脚，支使的技术科的领导们转得更欢。更可气的是，工作这么忙，那小子撒泡尿也非得用厂长的轿车把他送回宾馆。不过再牛皮机器不转他也没有办法，只好打电话回国让空运几台仪器来调试。

这时王二划拉来了，自机器开箱他就忙着划拉那些包装木片和废纸，当把那些破烂收拾妥当以后他才走到机器旁，打开机器听了听，又趴头这里看看那里瞧瞧，最后不顾德国人的强烈反对，冒着引起国际纠纷的危险，在一个地方划拉了一条线，带着几个徒弟拆开重新安装了一下。

机器正常运转了。

德国专家佩服得五体投地，连连竖起大拇指，通过翻译不停地问王二划拉怎么看出故障的。

王二划拉说："你们西医看病，总迷信仪器，动不动拍片做CT，事儿办了，钱也花了，中医呢，就讲个望、闻、问、切，拿手一号脉，啥毛病？知道了。"

德国专家惊叹于王二划拉能将如此高深的道理讲得深入浅出，浅显易懂，更表达出自己如黄河之水滔滔不绝的敬慕之情。这时王二划拉想去小便，德国人也不讲究了，晃着个高大的身子跟着进了厂里的公厕，还一个劲请教。王二划拉说："我是个临时工，七八年的老临时工了。看门的刘大嘴说了，我什么时候胡子白了，也就转成正式工了。哎，你们德国技术先进，有没有高级白色染毛剂，帮我弄两瓶。"

弄得翻译哭不成，笑不成，不知道怎么翻译。而德国人还在旁边歪着头虔诚地等着学习呢。

王二划拉后来去了深圳，因为毛没白，所以也一直没转成正式工。不过他不用划拉破烂了，月薪好几万，只划拉线钱就够花了。

二、马大借

马大借饭量奇大，半斤一个的馒头，小孩枕头似的，他一顿能吃五个。马大借孩子多，在一月供应35斤粮食的年代，饭不够吃是必然的。

马大借有办法，那就是借。要不怎么叫马大借呢？马大借逮谁跟谁借，让人防不胜防。马大借的徒弟叫刘丽，常找车间主任请假："饭票都叫马师傅借去了，我下半月得请假去邻县吃我爸妈了。"

那天刘大嘴正在门口看通知，马大借过来了。马大借说："老刘别看了，我看了，咱先去吃饭，边吃饭边给你讲讲。"

马大借到食堂一站，排着长队买饭的男女工人刹那间如鸟兽散。马大借大度地说："你们这些小同志，见了你们马师傅也没必要拘束成这样。"其实他们都让马大借借遍了，唯恐来借，都躲着他。好在这次马大借傍住了老刘。"老刘，我今天忘了带饭票，先借我五毛钱。"

马大借也有高兴的时候。一年过春节，马大借跟大伙商量："整年都不能聚聚，今年咱挨家吃，从老刘开始，最后到我家，反正挨家去，咱都不带东西。"大伙一听是个好主意，过年吗，高兴！一块喝喝酒，谈谈心。这样一家一家就挨下去，最后挨到马大借家。

中午大家进门一看，发现冷锅冷灶没有准备。刘大嘴就问马大借咋回事儿，马大借说："这不让你嫂子去买菜了，把钱给了她，这老娘儿们，也不知道哪去了，我去找找她。"

如此找了三趟，天可就不早了，大伙儿一看算了，咱干脆上街买点儿现成的，有的买酒有的买菜，只借借老马这块地吧。

过了一会儿马大借老婆下班回来了，大伙儿一问，原来她根本就不知道这回事。马大借压根儿就没跟她提！全家饭都吃不饱，喝酒，那不是自找骂吗？

那时候买啥都是供应。老刁有门路能买到猪肉,大家都去求他买,马大借也去求他,说先给买,回来给钱。肉买来了,马大借说:“恰好今天没带钱,这样吧,明天还你。”肉吃完了,钱的事儿也再不提起。

那时候马大借确实困难,马大借光借不还,大家也就一笑了之。老刁心眼小,有一次办学习班,纠正多吃多占的问题,就给马大借报了名。

在学习班里交代问题,马大借借同志们东西不少,可占公家便宜却不多,就无非是他当保管期间,多次用公家的铁丝梆梆那个“除了铃铛不响哪儿都响”的自行车,有一次还心血来潮用公家油漆刷了一遍,另外就是瞅空到食堂蹭个馒头吃。加起来也就多吃多占了几十块钱。有钱的将钱还上回原单位了,最后可就只剩下马大借了。学习班的余队长说:“这样吧,老马,今天放你假回去借钱。”

傍晚的时候马大借回来了,挺准时,也挺讲信用。老余就问他:“借着了吗?”

马大借说:“借着了。”

“借了多少?”

“两毛。”

老余这个气啊,可没办法,马大借不毕业,他老余就得陪着,第二天又放他假去借,傍晚他又回来了。

“借着了吗?”老余问。

“今天不如昨天运气好。”

“没借着?”

“借了二分钱饭票。”马大借哭丧着脸说,“看来今天又得用你的饭票了。”

马大借退休以后得了糖尿病,后来又得了个半身不遂,整天柱根拐杖在街上蹒跚而行,能吃的东西只有豆腐渣玉米面糊糊。见了厂里的老人先哭:

“以前老跟您借东西了，现在还您您也不要，改天一定得到我家去坐坐，谁去我都得好酒好肉招待您。我是不行了，想吃的时候吃不着，能吃着了又不能吃了……”

马大借的三个儿子都有出息，最少也是百万富翁，不过据说借的钱都不少，当然都是跟银行借的。

三、徐供应

徐供应转业前是专门研究雷达的研究所的干部，团级待遇。他转业的时候领导问他愿分到哪个单位。老徐认真地想了想，认为所学专业与无线电有关，就到了无线电厂，当了专管供销的副厂长。

一年后任供销科长，二年后供销分开，老徐成了供应科长。

论说供应科是肥差，如今的市场，啥东西买不来？贵点贱点里有的是外快，可老徐就是穷得叮当响。再后来市场游戏规则发生改变：通行方法是买空卖空，互欠三角债，或者干脆是原始社会的以物易物。刁厂长不停地让他购这购那，却又分文不给，要账的天天围着转，真难为了老实人老徐。

徐供应几年之间就白了头发，后又掉得头顶精光，全靠周边地区支援，像胡汉三似的。徐供应最后自提申请去看大门，与徐大嘴作伴。供应科长换了个小青年，那小子整日打扮得溜光水滑，衣冠楚楚，围着桌子裙子乱转，吃得肥头大耳，工作干得游刃有余，深得领导器重。

以前有个报道说有家外资企业请了个将军给他看门，引得国人议论纷纷，指责声不断。可我们只不过一家集体企业，却有一个县团级看门人，却从没听到有人对此异议，好像老徐天生就应该看门。

徐供应天天坐在传达室门口，握一紫红南泥茶壶，嘴对嘴地饮茶。茶壶盖似一卧着的小猴，活灵活现，呼之欲出。壶嘴壶把似二龙戏珠。壶身五个大字：可以清心也。因壶是圆形，五字首尾相接，每字既可做首又可做尾。

所以每当有人念出,老徐就呷一口茶,缓缓言道:应该念成心也可以清。

四、胡大贪

老胡是那种身材魁梧,紫铜脸色,络腮胡子大脚板,农民出身的厂长。胡厂长还特别爱干净,总将办公室里和自己家里收拾得一尘不染。这也决定了他的贪污行为。

胡大贪贪的最大一个物件是一把笤帚。

胡大贪老婆有病,药费贴了不少。那个月又被马大借借走了十斤饭票。贪污行为发生在六十年代一个雾蒙蒙的初冬的早晨,胡大贪穿了一件部队的黄大衣,把他贪污的那把笤帚裹在里面从厂里往外走。胡大贪小心翼翼地刚走到门口,就被刘大嘴截住了。

刘大嘴大喝一声:哪里去?就扯开了他裹紧的大衣。

胡大贪的贪污行为就这样败露了。

事后党支部书记和工会主席分别找胡厂长谈了话。胡厂长也做了自我检查。

胡大贪以后在位的十几年里,一直两袖清风,廉洁奉公,从未再贪公家的一颗螺丝钉。可我们一直习惯叫他胡大贪,大概类似于京剧里的生旦净末,反其意而用之吧。

以至于后任厂长老刁贪污几十万而锒铛入狱的时候,胡厂长痛哭不已地说:"为什么在他贪个笤帚的时候就没人给他提个醒呢?"

当然,再往后由于工厂效益不好,厂长老崔将厂子买了,工厂成了老崔自己的。老崔交了税发了工资,剩多少装腰包就行了,一年收进上千万那也不是贪,那叫合理所得。

五、走在烈日下的祥子

天空像一个巨大的蒸笼。祥子是蒸笼里疯狂奔走的蚂蚁。

柏油路面被晒得松软泛暄,脚踩在上面就像踩在棉花上,而橡胶车轮压在上面则需加大一倍的推力才能向前滚动。祥子将车停在一棵柳树底下,柳枝上肮脏的叶子低垂到祥子的脸上,太阳昏黄的圆晕嵌在铅灰色的天空里,阳光并不暴烈,黏稠又炎热的空气却无处不在。汗水像一条条爬动的虫子从祥子的身上滚落,滴到肮脏的水泥路面上,溅起一些小小的灰尘,泛出一种酸酸的味道。祥子身上少得可怜的衣服早已湿透,早晨带出来的开水也喝完了,祥子已到车站的自来水头喝过好几次凉水,水杯里也灌了一杯,用来洗洗涩得发疼的眼。祥子的嘴唇裂了好多口子,感觉不到疼,只感觉到一股甜丝丝的咸味。

偶尔有风拂过,带着一股略带酸味的饭菜的香味,祥子的肚子咕咕叫起来。祥子看一下表,已经下午两点了。祥子并不想去路边吃点蒸包火烧。再等一下吧,祥子这样安慰自己,下一个顾客或许能使自己顺路回家,那么就好好洗一下脸,在电扇下先喝一碗老婆熬的绿豆汤,缓解一下因喝凉水而发胀的肚子。

正在祥子迷迷糊糊的时候,又一股气味飘过来,这是一股令人恶心的劣质香水夹杂着狐臭的味道,这味道令祥子立即清醒过来。

一个穿着艳丽的女子站在祥子面前,脸上的脂粉因被汗水冲得东倒西歪而露出沟沟坎坎的菊花样皮肤,高跟鞋折磨软塌塌的路面发出沉闷的抗议。

三轮车?东亚机械厂。多少钱?

二十。

你看着热天人少咋的?就你这破车,十块就不少。

十五。爱去不去。

去东亚机械厂的路和祥子的家在同一条直线上，只不过方向相反罢了。祥子有些不情愿，可为了十五元钱，祥子还是让女人上了车。

祥子的车是脚蹬的，很费力。因为县城里尾气排放量超标，城管对摩的管理很严，祥子只好用这种三轮。

车子在破损失修的马路上蹦蹦跳跳行走，扰得尘土四扬，也扰得那对猩红的嘴唇里冒出些恶毒的语言来侮辱祥子的耳朵。祥子的大脑忍不住了，命令脑袋转过去恶狠狠地瞪了女人一眼，女人看到他眼睛里的凶光，尾巴一下子夹紧了，像一只受到惊吓的蝉，刹那间就噤了声。

在一片连成一排的工厂门口前，祥子顿了一顿，深情地望了一眼一块斑驳的厂牌，那牌子的白色早已泛黄，掉漆的地方因雨淋而变得乌黑破败，两块西瓜皮泛着酸臭静静地躺在地上，几只百无聊赖的苍蝇正在上面开着舞会。祥子的心里泛着一股隐隐的痛。那是自己工作了十年的地方，当时怀了一颗上进的心，带着一股中举般的荣耀踏进这厂门，立誓要把自己的终生都奉献在这厂门里。事实上，他的青春好时光，他的汗水和热血都曾经毫不吝啬地洒在了这里。然而仅仅几年，衰败就席卷了这座工厂，厂长丢弃数百万计的家产坐进了潍北盐碱地的铁窗里，而工友们则灰头土脸地散尽在县城的每一个肮脏的角落里，在城管的追逐下获得一点生活所需。物是人非，恍若隔世。

那个冬天的夜晚来得特别早，刚刚下过一场雪，寒冷使最喜欢在街头游荡的年轻人都躲到了家里，大街上昏黄的路灯下显得空荡荡的。偶尔有新年的鞭炮声炸响。月光清冷而凄凉。车间里祥子水杯的茶早已冻成冰坨一块。祥子却挥汗如雨地加了一晚上的班。已经十点了，祥子的头上冒着热气，正在急切收拾着工具。

那时候还没人叫他祥子，大家都叫他李永祥。李永祥刚刚结婚，如花似玉的娇妻正在租来的小屋里等他回家。

这时候那个女人来了，纹了弯弯的眉，脂粉像装修的墙壁一样厚，两片猩红的嘴唇不停地张合，还是这种劣质香水的味道，因为是冬天，还没闻出狐臭，只是衣服有一种被熏透的怪味。

我是东亚机械厂的，我们的机器坏了，这个件只有你们能做，师傅你帮帮忙，给做一下吧。

祥子说，我下班了，还有事，你找别人吧。

女人说，这个件工艺很复杂，别的车床根本做不了，只能麻烦师傅你了，况且我已经跟你们车间主任打好招呼了。

祥子很不耐烦，可是我已经下班了。

女人的眼圈有点红，我们农村人，很不容易，就这么一个小东西坏了，我们的工人就只能干等着，又是跟人家签了合同的，明天如果弄不好，我们会损失很大的，也许我们就因此砸了饭碗。我们还有几十口人等着吃饭呢。您帮帮忙，行行好，就算我求你了。

女人很可怜的样子，祥子看不过可怜的女人，于是往外掏钥匙准备开工具箱。

女人又从口袋里掏出一百元的钞票塞进祥子口袋里，说，我代表我们几十口子人求你了。

祥子把钱拿出来放到机器上，祥子的心本来就软，在心里他已经答应帮女人做了。可女人仍怕他不肯，把钱又一次塞进他口袋里，说算我给的加班费，再说我已给你们车间主任这个数。女人说着晃了晃手掌。这样祥子就没再掏出来。事实上，他太需要钱了。

等把活干完已经是凌晨四点了。祥子带着满身疲惫，踏着积雪回到家里。灯还亮着，新婚的妻子趴在桌子上，守着凉透了的饭菜睡着了……

刚刚打个盹，祥子就又回到了工厂。点完名，车间主任说，咱先开个会。

会是由厂长亲自主持的。厂长很严肃,讲了一通当前的形势,安全生产等。最后说,有的工人故意刁难客户,对外来加工户索要红包,造成了很坏的影响。扣发李永祥三个月奖金,并令其写出书面检查……

到年底,李永祥成了厂里第一批下岗工人。

正所谓福无双至,祸不单行。祥子下岗的第二天,他在肉联厂工作的妻子因事故失去了四个手指。后来妻子也下岗了,好在工厂照顾她工伤,每月补贴她二百元生活费。

祥子的鼻子酸酸的,但他并没有恨那个的女人。凡事手莫伸,伸手必被捉,获取了不义之财,付出代价也是必然的。

祥子坚信,凭着自己的宽容、忍耐、勤劳和坚毅,好日子总有一天会到来的。然而事实和想象毕竟不是一回事,下岗后祥子干过很多工作。他首先想到的是凭自己的手艺赚钱,到个体工厂里干类似的工作。而实际上,一是以前的工作太专一单调,无法适应个体工厂从一而终的工序;二是他那一丝不苟的工作态度放慢了工作进度,别人一月挣一千的时候,他却只能挣到六百。那时候,老婆的单位已经被取消,每月二百元的补贴也早已难兑现。由于城市的改造拆迁,房子越来越难租,房价也越来越高,即使很小的一间屋也得几百元。妻子甩着残疾的手,东一头西一头干点零活贴补家用。

在夜深人静的时候,祥子会幻想着有自己的房子。照目前的房价,即使最小的不足六十平方的房子也得近十万,照这样算下去,有自己的房子怎么也得二十年,当然还得是不要孩子,不养老人,不生病,不遭灾……祥子感觉到前途太渺茫了,自己太无助了,根本就是漂浮在这县城的一丛浮萍,无依无靠。

他于是离开私营工厂,呆呆地望着街上的行人发呆,他羡慕那街上匆匆而过的每一个路人,包括那些打工的民工,因为毕竟在某一处山清水秀的小村庄里有一个属于他们的温馨的家,有他们自己的房子,自己的猪,自己的孩子,自己的田地。而他却什么也没有,租住在别人的家里,所有的幸福都令他遥不可及。

他也曾混在那批民工里建造高楼,却发现那里面不止他一个城里人,还混杂着相当多的下岗工人。可他却不能胜任那工作,他怕高,两三米就令他头晕目眩,上吐下泻。他恨自己的父母,给了他高贵的身子却是卑贱的命。

车子已行驶在凹凸不平的土路上。尘土越来越大,车越来越颠,女人脸上也沾了厚厚一层土。他显然没认出这个又黑又瘦的男人就是两年前车间里的那个年轻人,她也并不知道由于自己的出卖而使他离开了他热爱的工作。

车子在拐进一条狭窄巷子的时候,突然从胡同里窜出一辆飞速行驶的摩托车,像一条疯牛一样飞了过来,他甚至什么也没看清,就昏迷了过去。

祥子看到自己蹬三轮赚了好多钱,买了漂亮的房子。妻子笑盈盈地站在他面前,他从口袋里掏出金黄的项链戴在妻子的脖子上,那是妻子盼望已久的。戒指呢,结婚的时候没给妻子买,现在买了,抓过妻子的手,却发现妻子光秃秃的手上只有一个拇指,拇指怎么戴?寡妇才往这个手指上戴戒指啊!祥子哭了,觉得遗失的不仅仅是妻子的手指,还有自己,自己哪儿去了?死了吗?于是一扬手,那戒指便飞了,带着一个黄色的弧线,晃了一下祥子的眼,就飞进了路边的草丛里,声音很大,像清脆的撞裂声……

然后房子就不见了。妻子哭了,我们的家呢?哪儿才是我们的家啊?祥子,我们要个孩子吧,就是住在厕所里,我们也要把孩子养大,我们快三十岁了,再这么漂泊怎么行啊?我们会老的啊,我们会有一天动不了会饿死街头的啊,我们不能没有一个孩子的……

祥子哭了,哭着哭着就醒了,正躺在路边的坑里。人只是太累太饿虚脱了,并没怎么受伤。三轮车也倒在沟里,女人被夹在车上呻吟,摩托车已经不见了。祥子想站起来,可脚下一滑,又栽倒了。闭着眼睛清醒一会儿,祥子才拦了一辆车，将女人送进了医院。

医院让先交押金，祥子口袋里正好有四百元，那是房东让祥子捎蜂窝煤的钱，便先替女人交了。医院让祥子也住院，可祥子再也没钱了，便疲惫地摇摇头，只简单地包扎了一下伤处。

祥子又去问了女人工厂的电话号码，给他们打了电话，又将押金收据给了女人，写上自己的地址，说以后就按这个地址把钱给我寄回去吧。

女人眼里含着泪说，谢谢你大哥，我真是遇上好人了，我一定买上礼品亲自给您送去……

天依旧阴沉沉的燥热难耐，渴盼已久的雨水却怎么也不落下来。

看着被撞坏的三轮车，祥子再次请求司机师傅帮忙，将三轮车拉回了家。

十天，二十天，一个月过去了，祥子没等到女人给他送来的钱。祥子没钱还房东，又一直干不了活，就去要妻子的补贴。整整一天，他从妻子的原单位到残联，再从残联到劳动局，一遍遍地拿材料，一遍遍地陈述，还是劳动局的工作人员态度好，带着微笑听完祥子的陈述后说，在社会主义晴朗的天空下，在社会主义建设突飞猛进的今天，在社会变革日新月异的日子里，你们两个年轻人，上无老，下无小，竟然会吃不上饭？年轻人，不要太奢侈了。这样的话我们听得多了，你吃不上饭，他住不上房，可发救济金的时候，许多人是开着轿车来领的。你们这些人啊，是国家以前的计划经济娇惯坏了的，端起碗吃肉，放下碗骂娘。然后不容祥子辩解，就站起来说，好了好了你先回去吧，我们尽量给你协调一下……

祥子筹不到钱，只好到东亚机械厂找女人。

女人正在办公室跟一帮小青年打情骂俏。

该还我钱了吧？祥子说。

女人一眼瞅见了祥子，笑僵在脸上。停顿了三秒钟后尖叫了一声，真是得来全不费工夫，你倒自己送上门来了。我坐你的车被撞了，你理应赔偿我全部损失。别让这小子跑了。这是收据，一共二千二百五十块，再加上误工费、陪床费……

祥子感觉肩膀一阵剧烈地疼痛，这是那天撞车的后遗症。祥子看看天，太阳如同一个蜡黄的圆晕嵌在铅灰色的天空里，整个世界都是一个蒸笼，而祥子是这蒸笼里煎熬的蚂蚁。

老 槐 树

老槐树长在杨村村口,巨大的树冠像伞盖一样遮住了好大一块地方。远方的游子,不管是求学的、打工的还是当官的,转过那个山坡,还隔着好几个村子呢,就首先看到老槐树了,心里暖暖的,就像看到家了。

老槐树本来在七奶奶的院子里,遮着整个的院子。七奶奶儿子要翻盖房子,村长说,槐树是神物哩,是全村的宝贝,你把房子往后坐坐,让槐树到大街上去吧。让全村的人都膜拜。

七奶奶的嘴瘪瘪的,嘟哝着,槐树在修行哩,它是我家的。村长说我知道你家的,哪年上也是你家的,没人跟你抢,我只是要把它挪到街上……

槐树几个孩子都拢不过来,可是中空了,能钻进去一个七奶奶一样的大人。七奶奶说,它修行要成仙啊,老天爷不让它成仙,嫌它好事还没做够,用雷劈它,可是它命大,劈不死它……

村长不听七奶奶瞎叨叨,叼着烟卷走了。

七奶奶还在说,一直说。

七奶奶眼瞎了,好多年前就瞎了。可她能听到脚步声。但这次没听到。

村长说话还是管用的。七奶奶家的房子盖起来,南面院墙往里砌了八米,槐树就到街上去了。

槐树到了街上,更增强了生命力。每天早晨,树冠上都涌着一层氤氲的雾气，炎热的三伏天，树底下凉丝丝的。吃过晚饭，七奶奶早早摆了茶具，人们便从四面八方聚拢来，摇着蒲扇，哼着民谣，在这里谈古论今，摆开龙门阵，间或也会有人拉起二胡，或来一段“我家的表叔数不清……”也可能大嗓门的“包龙图打坐在开封府……”，喧喧闹闹，直到凉风起了，才抓起屁股底下的马扎回家，钻进热烘烘的蚊帐里。因为人们明天还要上工呢。

站在大街上的槐树也喜欢这种热闹，焕发了前所未有的激情。槐树的子孙们从各家的院子里钻出来，郁郁葱葱生长着……其实人们都看着哩，七奶奶家因为有了老槐树的庇护，孙子们一个个考上了大学，从村子里走了出去。

老槐树是神哩，家里有了它的子孙，便也沾了仙气，福荫也会遮到我们的家里。于是几年的功夫，郁郁葱葱的槐树就遮住了整个村子。过路的人就说，你们别叫杨村了，叫槐村吧。杨村的人呵呵笑着不说话，这么多的槐树，每年都收获大量的槐米——那东西清新败火，杨村的人喝得多了，脾气都变好了。

槐树，成了一个村庄的标志。

不知不觉的，杨村人过上了好日子。路修得更好了，还有好多人家买上了汽车，回家的杨村人，都把汽车放在槐树底下，雨淋不着，太阳晒不着，那是一个天然的车库。

然后，村长又来了。先喝了七奶奶两盅茶，说了一段闲话。最后说，我说的没错吧？槐树挪到了街上，你家的日子好多了吧？七奶奶不说话了。村长又说，我的意思，如果把槐树挪到县里，是不是你的日子将会更好？

七奶奶耳朵支棱起来，拿起拐棍，要往屋子里走，嘴里说，槐树是我的！槐树是我的！

村长说，我知道是你的。人家给钱，这不是来跟你商量吗？七奶奶说，没得商量，多少钱都不行！

村长站起来，讪讪的，东西都分给老百姓了，村长没有权威了。现在的村长不好当，主要工作是要钱，不能甩脸子了，要学会软磨硬缠。可是村长有办法，孩子哭抱给孩他娘，于是他立即向乡长汇报。乡长呢，有办法。七奶奶有个孙子在乡里干着呢，乡长把他叫过来，安排他回去帮着村长做工作，做不好工作先不回来上班。

最后挖掘机来了，围着老槐树挖土，用草绳包起来，再用吊车吊起来，装到大车上拉走了。县里的休闲广场早就挖好了坑，把树栽了起来。

村长一直在车上跟着，亲眼看着老槐树重新立起来。市民们都围过来，看传说中的神树。

于是，杨村的神树不单单只是荫护杨村了，它要荫护整个县城了。

可能是七奶奶的预言对了，老槐树的修行还不够。他还没有能力庇护整个县城，发黄的树叶竟然没有返青，最后慢慢枯萎，凋落了。

村长最近经常醉酒，喝醉了就在老槐树留下的坑子旁转悠，手里提着酒瓶子，哇哇的往坑里吐。

七奶奶在家里听到了，摸索着走出来对村长说，你许下的诺言要算数啊，每月都找车拉着我去县城摸摸老槐树啊……

一个苹果引发的命案

李道远早晨一起来，就想找莫浅的茬。昨晚丽丽下了最后通牒，今天一定要跟莫浅谈离婚的事。可这句话李道远却实在难以出口，要想说出来，总要制造一个气氛，找一个前奏吧。

李道远洗刷的时候，莫浅已经把粥盛好，放在餐桌上，小咸菜、潍坊肉火烧，一切都是李道远爱吃的。李道远只好闷着头吃，啥话也不好说了。自结婚到现在，两人还没红过脸，没吵过嘴。要说移情别恋，主要还是李道远厌倦了这种平平淡淡的生活。原先只是想出去找点刺激，可后来他发现自己玩火了，被烧着了，无法自拔了。现在丽丽又怀上了自己的孩子，天天逼着自己离婚。

吃过饭，莫浅拿出两个大大的苹果，说，五叔送来的，自己种的，正宗烟台苹果，没施过农药、化肥。然后又一脸幸福地说，你还记着我怀孕的时候吗？啥也不想吃，就想吃家乡的烟台苹果。三九严冬，你硬是背了一个大背包，利用双休日回了一趟烟台，从五叔那里买了一大包苹果。回来的时候正下大雪，你的身上落了厚厚一层雪，嘴唇冻得发紫。可你竟没舍得吃一个苹果……

李道远头也没抬，只是嘟哝着，行了行了，你烦不烦啊？拿起包就往外走。下了楼，打开车门，发动车子准备去公司。莫浅从楼上跑下来，手里拿着个苹果,说,苹果,平安果,对你的身体有好处,记住要吃啊。说完把手伸进驾驶室,放在方向盘下的仪表盘前。

李道远刚驶出小区,丽丽就给他打电话。他不得不调转车头,向丽丽的住处驶去。其实也没什么大事,只不过借着早晨的光景两人又温存了一回。可是李道远总是感觉走神,想着有多久没和莫浅温存了,不自觉地就萎缩了。丽丽打他屁股一巴掌,光想着公司吧?现在是你自己的了,员工就帮你把钱挣了,又没人扣你工资……

从丽丽的住处出来,他刚把车子拐过一条街,突然发现一辆熟悉的红色雪佛莱泊在一个宾馆门口。李道远仔细看了看,车牌号0708,没错!正是妻子莫浅的车。莫浅到宾馆来干什么呢?莫非她也……如果那样,倒是好说了,一切烦恼也迎刃而解了。

李道远刚要过去看看,发现莫浅和一个很帅气的男人并肩走出来,然后上车,慢慢走了。李道远开车在后面跟着,一边打电话安排了一下公司的事。李道远最近因为丽丽的事被弄得焦头烂额,公司经营很不景气。公司应该是不能再耽误的,可他禁不住好奇,一定要看看莫浅背着他和这个男人在做什么。

车子很快驶到附近的一个小区停下来。莫浅和男人下车,向里走去。李道远也迅速停好车,远远跟着。但却被保安拦住了。保安说,先生,你去哪一户?

李道远说,我跟前面两个人是一块的。

保安笑了笑,说,我们这儿有内线电话,您去哪一户,可以先联系一下……

两个人正在纠缠,远远却发现两人出来了。李道远立即转身,快步走到自己泊车处,钻到车子里。

这次莫浅没有开车,开车的是那个男人。男人开车很快,李道远紧加油门也才勉强跟上。路却越来越难走,车子开始变得颠簸。前面的车子跑得飞快,李道远又不敢跟得太近。正好一个路口,雪佛莱一下就过去了,李道远前面是一个大罐车,发现红灯一下子停住了。李道远紧踩刹车,车子却不听使唤,直接冲过去。罐车有个朝后的阀门,冲着李道远的脑袋冲过来……

莫浅发现最近的李道远情绪很不稳定,一副忧心忡忡的样子。可能是公司不景气的原因吧,男人真不容易啊!自己现在是专职太太,一定要照顾好他。昨天表弟打电话来,说是来到了这座城市。表弟是姑姑家的儿子,小的时候总住在自己家里,可惜大了,一晃就好多年没见了。早上跟李道远说了一嗓子,李道远却皱着眉头不说话,也不知道听到没有。只好自己去接了。表弟在附近小区有个好朋友,给找了处房子,找到那朋友,那朋友却没时间陪他们去,好在莫浅知道那个地方,虽然偏了点,却安静。于是表弟自己拿了钥匙先搬过去。表弟是个车狂,见了车不要命,非要替莫浅开车。而且开起来飞快。莫浅在旁边吓得心都提到了嗓子眼,嘴里嘟哝着,超速罚款你替我交啊,慢点行不行啊……

两人刚打开房子的屋门,莫浅就接到了交警的电话:你是李道远的爱人吧?李道远遭遇了车祸,请你马上到人民医院来一下……

来到医院,李道远还在昏迷中。交警简单交代了一下情况:李道远的车刹车失灵,追尾了一个罐车……正在这时,一个女人闯进来,大声呼喊着,这一定是谋杀,我要求立案!一个护士提醒她:在医院,请不要大声喧哗!女人插到交警和莫浅之间,指着莫浅说,一定是这个女人害死了道远!道远要跟她离婚,她心存报复!

莫浅的眼泪刷得滚下来。看来传说丈夫在外有女人了并不是虚传,在这里经过核实了。交警说,这个你可以再去公安局报案,我们只管处理事故……

莫浅看到李道远静静躺在观察室里,鼻子里插了管子,脸色干黄。医生告诉她,病人醒来的可能性很小,要做好思想准备。

同时公安局也介入了刑事调查。经过几天盘查,警察把丽丽和莫浅叫到一块,说,我们经过多方面走访侦查,排除了他杀的嫌疑,同时也发现车子的刹车系统正常,司机没有喝酒。原因可能是司机没有休息好,或者是做过了剧烈运动疲劳驾驶所致……

丽丽的脸红了一下,说,他现在醒不过来,我肚子里有了他的孩子怎么办?

警察说,这个我们无能为力。他现在昏迷,再说他们的财产现在还是和这位女士共同的,你可以去找律师咨询……

莫浅一直呆呆地站在旁边,一言不语,像在听别人的故事。等到所有的人都走了,她突然向交警队的停车场走去。在那里,她发现李道远被撞毁的轿车静静地躺着。车头已经撞毁,车身开始有地方生锈,满是灰尘。李道远是个最爱干净的人,谁又能想到他的爱车竟是这样一个结局呢?

她费力地打开驾驶室的门,头探进去看了看。突然闻到一股类似酿酒的清香,忙低下头,发现有块碾碎的苹果在驾驶室里。她把手伸到刹车板的底下,摸了摸,黏糊糊的。那一刻,她突然明白了,根据李道远出事的地点,可以推断出他肯定是看到自己跟表弟了,而他又不认识表弟,于是跟踪自己。而表弟开车太快,他在紧刹车的时候,由于惯性,放在仪表盘前的苹果滑落到刹车板底下而踩不住刹车。后来车子发生侧翻,被碾烂的苹果又滚落出来,于是连警察也没发现事故原因。

想到这里,莫浅蹲在一片被废弃的车辆中间嚎啕大哭……

偷花生

王晨和孙方是光屁股一块长大的好朋友。

王晨脑子活，会来事，时不时将自留地里长的香菜、黄瓜摘一把，水灵灵的给大队书记送家去。什么时候也一样，群众脑子里有领导，领导自然脑子里也就有了群众。王晨不久就当了生产队长。

孙方呢，望着眼馋，也想把家里东西给领导送点，可娶了个老婆外号“小辣椒”，目光短浅，不懂经营，总甩脸子给他看：“自己都吃不饱，你舔的哪股子劲？”那次老娘就因为偷着吃了自己家两个鸡蛋，婆媳俩就展开大战，自己夹在中间两头受气，好不窝囊……和邻居有点争执，这小辣椒骂街都要骂两三个小时。孙方想起来就怕，咋还敢逆风而行啊？

好在王晨当了队长，孙方也神气不少。两人的关系在那儿呢，有时候王晨说话，别人没意见，为了显示与众不同，孙方也顶撞几句。王晨呢？当了队长，自然是腰挺起来了，手背起来了，嗓门也大了，脾气也爆了，有时也狠批他几句，让孙方感觉没面子。

一天，孙方出门回来，突然就看到王晨和村头的李寡妇钻进了西沟里的灌木丛，忍不住偷偷跟过去，看到了不该看的一幕。

回家后孙方想忍着不说，可终归没忍住。一时间，沸沸扬扬，队里人都知道了。王晨再看孙方的眼神，可就有点恶狠狠的了。孙方也知道自己种下祸根了。

那天在村东头的弥河滩收花生。弥河滩全都是沙土地,漏肥漏水,种别的不长,唯独花生长得又大又多。几个妇女往外刨,因为男劳力大都去邻村修大寨田了,只剩下孙方和另一个劳力用独轮车往场院里推,到中午,地里刨下一大片还没运到场院里。王晨就说:“孙方,中午你就在这儿看着吧。”

孙方的心里就一热,还是老朋友够意思啊,看来没记我的仇。谁都知道看花生是个肥差,不但可以偷吃花生,还可以挣五个工分,那可就是钱啊,干一天才挣十个工分呢,最主要的是还有个潜规则。

看到人们都放工走了,孙方先吃了一阵花生,然后选那饱满瓷实的花生摘一大堆,找个松软的地方刨开埋进去,并做了记号。

孙方找个树荫,铺点干草,好好睡了一觉,干活的人才回来。秋阳似火,烤的地面火辣辣的,社员们都曾在家小憩,一个个半眯着眼睛,迷迷糊糊来了。孙方的老婆也在里面,给他拿了干粮,还用个空酒瓶子装了一瓶水。

为了下午能全部运回场院,王晨又调来几个劳力,推着独轮车跟在后面。男男女女在树荫下先打闹一阵,荤的素的说点笑话,孙方也就把干粮吃下肚了。

然后王晨吆喝一嗓子,女人们就都下了地,男人则往车子上装花生……

一下午,花生全部出完了,也正好都推完了。男人推着最后一趟,女人跟在后面,嘻嘻哈哈往回走,明天就要去西坡了。

走到村口,人们都不笑了:民兵连长抓了个偷苞米的,把苞米挂在脖子上,站在村口的桥头上示众呢。王晨喊一嗓子:“可都看清楚了,偷公家的东西,这就是下场!”

孙方的心里就一紧,几个妇女也不说话了。大家饿啊,吃不饱,谁不想多弄两个啊?

到晚上,孙方估摸着别人都睡着了,街上没人了,找了个化肥袋子,悄悄出了门,走到白天出花生的地里,寻出自己做的记号,用手扒开,把花生装在袋子里。月光很好,远处正有双眼睛,瞪得大大的,看着这一切!

孙方也就一进门,几只手电筒也随后来了,把孙方乌黑的院子照得雪亮,伴随着民兵连长的大嗓门:“孙方,有人举报你偷花生,你抓紧坦白从宽,要是让我们搜出来可就晚了!”

孙方的老婆披着件衣服出来,破口大骂:“哪个挨千刀的诬陷我们啊?你们搜啊,搜出来就是我们偷了!”几个人在院子里照来照去,奇怪了,搜遍了也没发现花生。两间破草房,没有能藏住东西的地方。民兵连长拿着手电筒又在地面上仔细地看了一遍,没有新土。

王晨在后面讪讪地笑着,也帮着搜。可一无所获!众人于是在小辣椒的骂声中离开了。

许多年以后,王晨和孙方的背驼了,眼花了,世事云烟,沧海桑田,经过了苦难的两个老人,也了然了以前的不快,时不时在一起下下棋、喝喝茶,晒晒暖阳。有一次就说起了那次偷花生的事。孙方就说:“就知道是你个老东西使的坏,给我制造机会偷花生,又带人抓我……”

王晨说:“有个事我就没搞明白,明明看着你背着花生回家了,我才去通知的民兵连长。怎么就没搜到呢?你跟老哥透漏下,也让我死个明白,你到底藏哪儿了?”

孙方嘿嘿一笑:“我就没背回家,直接扔到我娘的院子里了。现在,我那小辣椒也走了,婆媳关系不好,我也就能偷着关照一下老娘了,你看我那口子底气多足啊?把你们骂的。她根本就不知道我偷花生这件事嘛,嘿嘿……”

“还是孝顺救了你啊!”王晨自言自语地说。两行眼泪流下来,他也想起了因为自己把自留地里那丁点粮食送给了支书而饿死的老娘。

第四辑

我没想跳楼

第四辑

我没想跳楼

作为一个资深文学爱好者,作品没写出多少,毛病却养了很多。

比如我原先构思作品,是在公园的小河边散步,可后来发现走得越快文思越涌,于是开始像竞走了。一天,一个灵感突然来了,我便越走越快,最后顺着小河跑起来,跑得满脸通红,气喘吁吁,感觉我文章的高潮也要出来了。突然一回头,发现身后跟了一大群人,男男女女都有,都在跟着我跑呢。有几个身强力健的小伙子还超过了我,我就完全汇入奔跑中的人群了。

我问身边的人:“大家都在跑啥呢?”那人说:“别人跑你跑就是了,肯定有好事。不是有热闹看,就是有便宜货……”

结果我们围着小区公园跑了两圈,虽然什么东西都没看到,第二天却上了晚报:“**小区积极开展全民健身运动,自发在公园开展了上千人的赛跑活动。大家都反映,通过这次运动,感觉身体素质提高了。”

后来我发现快走也写不出东西了,反而是站得高文思开始泉涌,而且站得越高想出的情节越精彩。我于是节假日,拿着纸笔到附近最高的山峰去写,有时下了班很晚了,我又没车,就只好到楼顶上写,因为只有那儿算最高了。一天中午我又感觉灵感来了,拿着纸笔就奔上了附近十六层的高楼顶,双腿耷拉在楼檐上,奋笔疾书……

正写着呢，过来一个年轻人，笑呵呵地问我："大哥，在写什么呢？"

我想跟他开个玩笑，逗他一下，就说："写遗书呢。"

那人看了看厚厚一沓纸，笑着说："你这遗书够长的啊。"

我说："不是还年轻嘛，放不下的事多啊。"

因为在单位大家都认为我怪，不愿和我说话，难得有个聊天的，我们聊得很投机。聊着聊着我免不了发牢骚："你说我们单位，两个月都不发工资了，我都揭不开锅了。"

那人说："没事，我认识你们领导，我给你问问。"说完开始打电话，过了一会儿把电话递给我说："你们领导跟你说话。"我接过来，还真是领导的声音，从没有过的和颜悦色："小文啊，最近公司有点困难，工资拖了拖，可你是老员工了，又干得好，我们决定，提前给你发，现在你的工资已经到账了，你可以查一下。"呵呵，不用查，我的工资卡连着手机有短信，早给我短信汇报了。

我们继续闲聊，我又抱怨："我们小区有个垃圾箱，就在我窗下，一夏天了，苍蝇蚊子乱飞，反映多少次了，就是没人给解决。"

那人依旧说："我给你问问。"打一会电话，把电话递给我说："你们小区物业的经理。"我接过来，那经理说："文同志，对不起，都是我们工作没做到家，你放心，现在垃圾桶已经挪了。"

我惊讶了，对那人说："你怎么这么大的能量？你是市长吧？你要能帮我解决一下家事，我就没烦恼了，你说我那老婆，天天打麻将，家务活都扔给我不说，隔三差五还找我的茬！"

过了不多久，我听到我老婆在下面用大喇叭喊："老公，我错了，我给你道歉，我一定以后好好待你……"我低头一看，我娘啊，怎么下面聚集了那么多人！

年轻人走过来，扶着我说："走，咱下去吧……"

一下去人们就把年轻人围起来了，一个记者还在做现场直播："著名谈判专家***又成功解救了一轻生男子，这是他解救的第七十二个自杀的了……"

再以后我哪儿也找不到灵感了，却养成了个毛病，一有棘手的事，就想爬到楼顶上去。

阳村那些事儿

阳村人爱面子，讲排场，自古有之。

据说现居阳村的都是某王爷的后人，家业虽然败了，富贵之气不能丢，老祖宗面子在那摆着呢。于是男人上街个个昂首阔步，步子迈出去都是外八字。我们这一带喜欢把有本事或特立独行的人称为“人物”。阳村就是产人物的地方。

一、应有尽有

“应有尽有”是外号，此人大名米拂，面白个高，说话轻声慢语，喜在清晨雾中拉二胡，琴声凄惨悠扬，却不是《二泉映月》类的曲子，阿炳落魄，他拉的曲子应有尽有是看不上的。应有尽有唱的是：

三千里旧河山，
秋日里草木萧。
壮士兮去远征，
马革兮裹尸还。
后人啊长叹息，
怎奈得空惆怅……

拉完唱完,应有尽有是要喝酒的。酒喝得并不多,哈啦皮的酒盅两盅,菜肴却讲究。别村的人喝酒,只是喝酒,有酒,含着钉子头那也要喝半斤,拿着一根蚂蚱腿,几个人就喝醉了。那不是阳村人的作风。应有尽有就是阳村人的典型。

为了适应阳村这种习俗,村中的石板路两旁每天早晨都有个早市。天不亮开始赶,太阳一出就散,俗称“露水集”。阳村人自己说是为了阳村人的排场消费而起,外村人则讲:阳村人爱面子,天亮了,买那么丁点东西谁好意思在人跟前拿着回家?

同样,拉完曲的应有尽有回家后,翻箱倒柜,也只找到一毛钱。拿起来惆怅半天,还是返身出了门。先到卖豆腐的那里,买了七分钱的豆腐,大拇指大的一块。然后去买了一分钱的两根香菜叶,又花一分钱买来两瓣蒜,剩下一分钱用喝酒的盅子买了酱油。回家烧水,把豆腐烫了,拌上香菜、蒜泥,蘸着酱油……倒满一酒盅酒,烫了,一仰头喝了,咧咧嘴,夹起一块豆腐吃了;再倒满一杯酒,烫了,一仰头喝了,咧咧嘴,夹起一块豆腐吃了……早上的酒课宣告结束。

阳村的米家米店曾经是方圆百里最大的米店,大名“义顺和”。这一带不产大米,米家米店几乎垄断了就近的大米经营。可是似乎只在一夜之间就衰败了,除了几家破门头房外一无所有了。土改的时候几个小伙子不相信,愣是挖地三尺也没从米家找出一块银元。阳村人说家业说败也败得太快了,几百年的积累愣是让应有尽有吃没了。

单干以后应有尽有不善农桑,欠了村里不少公粮。村干部追到家里,跟应有尽有大讲政策。应有尽有微闭双目,然后猛然睁开,说我怎么会欠了国家这么多粮食?国家欠我的就不算数了?

村长说,怎么?国家还欠你的?应有尽有不说话,拿出一摞欠条。那是解放军路过的时候借的军粮。村会计算了算,累计五万多斤,欠条上说每两年翻一番，如此一算，全县的粮食加起来还不够。两个人耳语一阵，站起来走了。

当然没人还他粮食，也没再来跟他要过公粮。

应有尽有身无所长，靠给工程队搬砖营生，发了工资就去吃就近的名吃。穿得干净，梳了分头，皮鞋锃亮，酒则必须是春王。吃饱了、喝完了回家。家里衰败破旧，只有两间草房，屋脊已脱落，吧嗒吧嗒往下掉土，屋脊上又复了一层塑料薄膜，两边用木头棒子拉着。

清晨起来，喝过清酒，再迈着四愣子步去搬砖。

二、东方不败

提笼架鸟、遛狗、斗鸡、玩蛐蛐，你要是不会点这样的休闲项目，都不好意思说自己是阳村人。

水长的爱好是吸烟，能把烟圈吐出花来，吐出山水画来。最重要的是吸得那是东方烟。“东方”是我们当地的一个奢侈品牌，每盒售价十元。要知道那时我在工厂当工人，每月工资165元，平常老百姓，干一天重活也就收入7、8元。一盒烟钱累死累活一天挣不来。水长呢，则非东方不抽，饭吃不上也要抽东方。人称“东方不败”。

一天，东方不败正在吞云吐雾，突然往前一扑，晕过去了。大家吓坏了，七手八脚送到卫生室。值班大夫一检查，找人买来五毛钱糖块。给他吃了，马上爬起来就好了。大夫说，是不是好几顿饭没吃了？血糖、血压都低，不晕倒才怪！你也真是，两支东方烟就能吃顿饱饭，你就不能少抽支烟，多吃点饭？

东方不败眼一瞪，那不行！咱不能掉了身价，就是抽东方的命，现在落魄，不过是暂时受穷。我的富贵还在后头呢！众人皆笑，以为是痴人说梦。

不久后某大领导来视察，要求找个普通老百姓谈一谈。乡长找到村长，村长说我最大也就见过县长,还是在主席台上。这么大的干部,还不把人吓尿了裤子。

乡长说,看你这点出息!就问旁边的人,村里谁比较胆大啊?众人说,那还用说,东方不败啊……

乡长找到东方不败,嘱咐什么该说什么不该说。然后问东方不败,记住了?东方不败说,然也。乡长说,少跟我臭酸,你要说差了,别怪我不客气。说好了,年底给你争取低保。

大领导来了,东方不败不卑不亢,言谈举止大方得体。与领导在地头田间亲切交谈,从齐桓公谈到袁世凯,从《战国策》谈到《秋窗集》,正史、野史,无不涉猎。把乡长嘱咐的一句没说。倒是把旁边的县史志办主任听得一愣一愣的,心说这些东西我怎么没听说过?两人侃侃而谈,甚有相见恨晚之感。然后,很自然的,东方不败抽出一支东方烟递给领导,自己也点一支。领导说,呵呵,东方,跟我抽一个牌子的。现买的吧?

东方不败说,不,我一直抽这个牌子,好几年了。又从口袋里拿出两盒,你看,还有呢。

领导说,不错啊。你是干什么生意的?

东方不败说,几个买卖还正在筹备中。然后又根据当地特产,地理条件,交通环境,设计、分析了几个让老百姓富起来的生意和种植方向。

领导说,不错,看来是个做大事的人。有什么困难跟我讲。只要你能让这一方百姓富起来,我能帮的尽量帮!

东方不败说,困难当然是资金。现在缺少的就是资金啊……

领导说,我们研究一下,给你协调……

当然东方不败也不光是嘴上的功夫,吃得苦,有心计,有贵人扶持,不久就富了,也带动着阳村富起来。他自己呢,更是开豪车、住豪宅。当然还是抽极品东方。

用他的话说，我穷的时候也是富人，只不过是暂时不顺。你想在哪个群体混，就做哪个群体的消费，那才有富贵的一天。

许多年轻人开始跟东方不败学，却是越消费越穷。东方不败说，跟我学，先回家把《四书》《五经》背熟了，没点真本事，哪来的富贵命？

三、一枝花

阳村的一枝花大名付翔，可惜不是一位漂亮的姑娘，而是一个小伙子。

付翔在窜个子的时候没掌握好。应有尽有说的就像放的二踢脚，嘭一响没窜上去，下炸了。因此身子倒是正常，可惜腿短了点，个子也就相应的小了。

付翔也喜欢唱戏，咿咿呀呀，青衣花旦啥也能来上两口。早晨的青石板街，经常听到他婉约的唱腔。对，就是婉约，这是东方不败总结的：付翔是婉约派，应有尽有是悲壮派。两个人叫板一样，把清晨的阳村弄得鸟语花香，余音袅袅。成为一道亮丽的风景。

后来根据形势需要，村里组织了剧团，唱革命样板戏《红灯记》。付翔的意思应该是李玉和的角色非他莫属。因为在村里唱戏唱得好谁能比得上他，标准的男一号。可革委会主任脑袋摇得像拨浪鼓，离“高大全”的形象相差太远了！

那以我的形象来个铁梅总可以吧？付翔还不忘有板有眼补上一句：奶奶，我家的表叔数不清，没有大事不登门……

好歹革委会主任给了个角色，那就是斜背着三八大盖给鬼子小队长汇报的那个：太君，李玉和他誓死不招！失望之心无以言表啊！

后来又排了一部戏，是歌颂雷锋的。这下付翔有信心了，认为这个角色就是给自己准备的。可剧团领导也否认了：雷锋在现实当中是个头有点小，可宣传起来形象就高大了。自然还是让演李玉和的那小子演了。好在付翔也过了一把瘾，客串了一把雷锋叔叔雨夜送回家的老大娘。

付翔的春天是那次省剧团的领导来选人开始的。本来这领导是村支书请来的。村支书有一个漂亮的姑娘，很喜欢唱戏，也拜了一些师傅，自己感觉也差不多了。于是恳求老爹托关系，把省剧团说了算的请来，看看有没有机会到大城市发展发展。可是领导不愿听她清唱，想看一出庄户剧团排演的戏。于是付翔作为绿叶陪衬出场了。

结果让人大跌眼镜，领导把红花丢下，领着绿叶走了。

付翔一走七八年，有的说发达了，成角了，也有的说，省京剧院不景气，早就解散了。

阳村人忙，都顾着自己的日子。只是在想起来的时候议论两句，又没有到省城办事的，具体什么情况谁也说不上来。

付翔却在一个清晨突然回来了！简直惊掉了大家的下巴。付翔又住回原来的老房子里，七八天也没开门，七八天后把扩音器绑到院子里的树上，咿咿呀呀唱，有时候天不亮就唱，像乌鸦叫一样。阳村人的忍耐是有限度的，有几个年轻的干脆跑到他院子里把线路给剪了，把扩音器摔碎了。

付翔开始变得神秘兮兮的，说话颠三倒四，晚上也不敢回家睡觉了，睡到一家抛弃的园屋子里。付翔的侄子听信别人的分析，给精神病院打了电话。正好医院搞活动，精神病免费医疗，就把付翔弄去呆了两个月。

回来后付翔就不说话了。别人跟他打招呼，他倒是还有微笑，然后就用手比划。

后来付翔的侄子在镇上开了一家旅馆饭店，付翔就给他烧锅炉，手脸洗得很白，穿得也干净，只是在沉默的时候若有所思的抽烟。阳村的人都想知道他在省城做了什么，可他一直不说话，连他侄子都不知道。有人就猜测是不是犯了什么刑事案件。他侄子说，这个不可能，他要犯了罪，公安早把他抓走了。

一个雾蒙蒙的冬日早晨,他推着小车出来倒炉灰的时候遭遇了车祸,小车已经被撞得变了形。等到有人发现,他也昏死了过去。

撞人的车早跑了。侄子急忙把他送进医院。过了一夜才醒过来,望着空洞洞的病房顶棚,他说出了几年来第一句清晰的话:月仙,这次我是真的要走了。

然后他就真走了。

妙笔生花

文如是阳村的作家。

从年轻的时候就写作,而且是长篇长作,动不动就洋洋洒洒几万字,写完了寄给《人民文学》。那是文革时期,讲究群众的智慧无穷大,好作品都署名“集体创作”。领导作报告:工人没有把自己的名字写在产品上,农民没有把自己的名字写在粮食上,我们作家怎么就这么注意争名逐利呢?于是写出作品来都不署名。因此当时给文如回信的作家署名:三号。中国的大家数不胜数,能排到三号的绝非等闲之辈,那是中央领导啊!三号领导回信的大意是文如同志非常刻苦,文章有潜力,希望地方文化部门注意培养,多让其参加文体活动积累经验……地方领导当然重视,于是文如拿着信可以随便出入图书馆、博物馆,甚至可以随便看电影也不用买票。

因此文如穿雪白的衬衣,梳大分头,有一个姑娘还自愿嫁给了他。只是后来与期望值相差太大,精神都有些失常了。这是后话,先不讲。他闲暇时候就坐在青石板街旁边的家门口,泡一壶大叶子茶,请过往的老年人讲述阳村辉煌的过去。老人便滔滔不绝,根据小时候的记忆,再加上听来的看来的和自己演绎来的,吐沫星子乱飞,跟他一顿白扯。

讲完了,他站起来,激动地握着讲述人的手说:你讲得太好了!太生动了!如果再用我的生花妙笔写出来,必将震撼文坛。你也成就了千古功业。

后来又加上莫言把他的高密东北乡写成了世界意义上的地域,他更坚信自己笔下的阳村,将比高密更加辉煌!

于是老人们都盼着他的讲述能够震撼文坛,只可惜文如的发表却遥遥无期。逐渐就都不愿意跟他讲了,大叶子茶凉了也没人愿意喝一口,只有他站在街口感叹人心不古。同时他的心里也焦灼不堪,逐渐变得浮躁起来。有一年他把自己最新的力作邮寄给人民文学,同时附了一封信:此文我认为是旷世之作,倾注了笔者多年的心血。发表出来必能震惊文坛,引起一场写作上的革命。但是如果仍旧泥牛入海,不但是我自己的损失,也必将是中国文坛的损失!我将无颜再苟活于人世,必自挂东南枝以谢天地。

编辑部一看要出人命,立即回信好言劝慰。过了一段时间,感觉仍不放心,又写信给地方政府,请政府关注一下此事。

乡政府的人来到阳村的时候,天正下着大雨。文如烂醉如泥,仰卧在青石板街上。办公室人员打着伞下车,一阵风起,车里的一张文件刮落文如眼前。文如不看人,只把纸藏在身下,才对来人说:有文字的纸张都有灵气,随便乱扔必将惹怒神灵!乡政府的人看他神神叨叨的,心说是不是此人精神有什么毛病啊?过来两个人要把他扶起来,跟他讲讲此行的目的。

文如却两行清泪落下脸颊,说了一句他今生最精彩,也震惊了来人的话:苍天无眼,缘何有泪啊!

只一言便让来人惊叹不已,感觉文如真是被埋没的人才。急忙把他扶进屋里,拿毛巾把雨水擦了擦,并请文如拿出了文稿。看到文稿后,乡干部才知道文章确实不能发,文笔拖沓,杂乱无章。真是好文章各有各的好处,坏文章却基本相似啊。

可来了,任务要完成,就好言劝慰了几句,又联系了县报副刊的编辑,希望选几篇好的,先在县报发一发,给他增强一点信心。

偏偏县报的陈编辑是一根筋，在看了一大堆文稿后，摇了摇头：实在不够发表的水平啊！不过也没因此放弃他，让他参加了培训班，学习了一些技巧。最后勉强选了一段，同意刊发在县报上。可文如不同意，说我的文章怎能摘头去尾呢？

于是文如继续酗酒，感叹苍天不公，常常抱着一堆文稿痛哭：

文章不得今人识，

无奈留予子孙读。

百年石破天惊日，

白骨无存后人泪。

终于一天抱憾而终。

来年他的儿子翻盖房子，书稿无处存放，只好两毛钱一斤卖给收破烂的。

我正好路过，惊叹道：怎么就这么卖了？

他儿子说，不卖怎么办？往哪儿放啊？在院子里早晚淋烂了，一毛钱也不值。

我又问收破烂的：你们买去怎么办？

收破烂的说前村有个造纸厂，弄成纸浆，漂白了，做卫生纸。多好的纸啊，干嘛写上这么多字弄脏了呢？不过打得捆挺好。

我心说纸能不好吗？文如是准备留百年的啊！心里隐隐痛了一下，叹道，费了一生的心血，要揩屁股人家还嫌硬啊！

回头想想，这不也是说我自己的嘛！

我是阳村第二个被称为作家的人。

几个人，一只鸟

一、你让我整夜噩梦——张林

张林看到一个满身是血的人走了过来，不！那不是一个人，那只是一个幽灵，一个厉鬼，他缓缓掀开了张林的被子，口里满是鲜血，神情哀怨愤怒，眼睛里喷出火一般的凶光。他用一双残缺不全的手，慢慢抓住张林的喉咙，声音幽寒冷漠，充满了来自地狱的冷气：

还我命来！

还我命来！！

张林一下子醒来，浑身冷汗，床单已湿，身体如同刚刚洗过一样。

张林呆呆地坐在床上，大脑一时还反映不过来。张林是医生，切开缝合的人体不计其数，对于人体结构熟悉的如同掌中之纹，他从来就不相信什么鬼魂，他是一个唯物主义者，没有什么信仰，他感觉这么踏踏实实活着就很好，挣的钱也足够他轻松快活的生活。他不拒绝红包，给困难的患者捐款也绝不吝啬，没做过什么大的亏心事，也没做出过大贡献，熬啊熬，好歹熬出个副主任，过几年就退休了，也没什么大前途了，所处工作大了说那是救死扶伤发扬革命人道主义，有患者称悬壶济世华佗再生，小了说不过是各人分工不同，利用医院的医疗设备，赚下自己的一日三餐房子车子。但是今天做的事超出了他的道德底线，让他良心不安，他安慰自己：我错了吗?应该没错啊，我这么做对谁都是解脱。

不管是谁，要想睡得踏实，就别做亏心事，半夜鬼也不来叫你的门。

二、我今生最后一个明媚的早晨——李小强

18岁的少年李小强最近心情很不好，母亲骤然得了脑溢血，花去了家里这几年全部的积蓄，如今依旧瘫痪在床，优秀学生李小强不得不放弃了自己的远大理想，与父亲共同扛起这个贫困的家。一向爱说爱笑的少年变得沉默寡言了，有时甚至目光呆滞，母亲得天天拖尿布，同样忧郁的父亲刚刚50多岁头发就全白了。

李小强起床的时候就快晚点了，个体企业没什么时间表，昨晚加班到凌晨3点，感觉刚刚睡着就要迟到了。

院子里有只乌鸦正在喝水，看到李小强竟“呀呀……”叫个不停。李小强瘆的慌，几次都赶不走它，用石头打它也不走，依旧朝他“呀呀……”地叫。李小强没时间理它，去看了一下妈妈，草草收拾了一下，抓起个馒头就出了家门。乌鸦又追了他一会儿，才无可奈何地叫着走了.

李小强感觉眼皮发涩，头晕得厉害，从小没受过什么苦的孩子一下子进入这么超负荷运转，身体本身就无法承受。

在路上，他抬了一下头，太阳亮亮的，明晃晃的，把他的身影拉得长长的。由于头晕，他感觉有些不真实，有种醉酒的飘飘然的感觉。

李小强不知道，这是他生命最后一个明媚的早晨，噩运正在前方张开大口等着他。

多么好的早晨，多么英俊充满活力的青年，没有谁不会心痛！

车间里仅有两个人，分布在两个角落里。李小强开的是镙床，当他费力地搬上一个铁件，突然一阵烦躁涌入心头，他又感觉眼皮又粘又涩，头要炸

开般疼痛，鬼使神差，身体还没完全离开，手就按下了电钮. 飞转的旋轮立即抓住了他的衣服，一股巨大的机械力要将他的身体带进去，小强嚎叫一声，头和手奋力后撤……

他看到一片炫目的红光，他感觉身体飘起来，只是刹那的疼痛，他甚至感觉到了一种幸福的感觉，他一下子昏死过去……

三、我真是个不幸的人——石进

石进是用他父亲的提前退休为代价进的工厂，年轻力壮的父亲为了儿子有一个美好前途，刚过43岁就离开了他热爱的事业，退休后只好当建筑工，晒得又黑又瘦。

石进的父亲以为能为儿子划一条人生轨道，可以让他安安稳稳娶妻生子，平度一生。

可是他想错了. 似乎仅仅在一夜之间，近亿资产的企业说垮就垮了。都说百足之虫死而不僵，这是石进的父亲所无法想象的。工厂是他们这一辈人手提肩扛汗珠摔八瓣建起来的，听说厂子垮台，石老爷子和几个老伙计抱头痛哭，其情其境令人心酸。

好在石进比他爹的脑子要好使的多，瞅准机会贷了款以废铁的价钱从厂子里买回几台车床，自己干起了加工。

一无厂房二无资金，石进的艰辛是别人无法体味的。虽说生意已有所起色，银行依旧有大笔贷款。这几天石进接了一桩大生意，而机器就那几台机器，工人不过那几个工人，要想赶出活来，只有连轴转。昨晚加了一夜的班，石进洗了把脸就出发了。活大了要垫付大笔资金，要运转他必须早早地就得去收账。

快9点了，石进一分钱也没收进来。人家头一句话就是：哪里有一大早就要帐的，一天生意还让不让我们做了？石进感觉真是昏了头啦。这时候肚子又咕咕叫了起来，这才想起昨晚还没吃饭呢！他正想先找个地方吃点饭，老婆的电话打了进来。石进一接通，老婆带哭腔的声音就涌进耳朵：李小强出事了，被床子夹住了……很严重，血不停地流，嗯，看起来有生命危险……

石进的眼前一黑，辛辛苦苦创立起来的家业要毁于一旦了。于是掉转车头疯了般往回跑……

四、能不能让我省点心——王一博

一大早，乡长王一博心里正烦呢，县委办公室刘主任打来电话，劈头盖脸把他说了一顿，直气得王乡长脸色发青，嘴里好好好是是是，心里一个劲骂狗仗人势。

最近又发生了震惊世界的玉树地震，全国人民都沉浸于悲痛之中，乡干部全都下村号召村民捐款。如今农民日子好过了，三提五统都不要了，如今国家有难，一家捐助三五百该没有问题，谁想到任凭王乡长在王村党员会上磨破嘴皮，党员们楞是一声不响，王乡长好说歹说，又现身说法自己怎样捐出了一个月的工资，号召党员交一次特殊党费。

难耐的沉默以后，老革命王老倔终于站了起来："我捐2000元。"

"好，不愧是老革命，有觉悟，带了个好头啊。"王一博不禁夸奖起来。

"可是我不捐给你们这些贪官污吏，我要直接寄到玉树去！"

王乡长一口气没倒上来，憋得脸通红："你讲话可得凭证据.我代表的是一级政府，无凭无据诬陷国家干部你可犯了诽谤罪！"

"少来这一套，你没贪污你六七十万的房子怎么来的?你老婆下岗孩子上学，你工资多少钱我不知道?你喝西北风也得挣30年才买得起。"说完王老倔头也不回就出了会场。

直气得王乡长浑身哆嗦说不出话。

王老倔是王一博的亲大伯。

直气得王乡长一夜没睡好，心说大伯啊大伯，你怎能当众出我的丑呢？人说打仗亲兄弟，上阵父子兵，你不帮我，你有啥事人家不是看我的面子？我买房子你看到了，我每天工作十几个小时，血压高老胃病含着药片去陪酒你看到了吗？

快明天了才迷糊一阵，谁知一上班就接了刘主任的电话。挂了电话王一博立即把派出所长叫来："李庄的李龙汉到县政府上访，并扬言还要上省城上北京你知不知道？世博会在开，稳定是第一重要的，让这样的危险分子到处上访，不但丢我们的面子也丢中国人的面子你知不知道？你们派出所不能吃干饭，你立即去把事情调查清楚，并立即把李龙汉和石进给我找来，石进找不到?挖地三尺你也得给我找来。"

两个小时后，李龙汉走进了豪华壮观的乡政府大楼。王一博坐在宽大的老板台后面，望着一脸憔悴的李龙汉兄弟一行人，冷着脸，一言不发。

沉默了一袋烟的工夫，王一博用力一拍桌子："李龙汉，你知道派出所为什么把你抓来吗？你坐在通往学校的路上欲劫持石进的儿子，犯了劫持未遂罪；你带人私闯他人工厂打砸抢，犯了抢劫罪私闯民宅罪；你又把灵棚建在人家院子里，影响了他人正常生产生活秩序。数罪并罚，判你个十年八年该不冤吧？你们别看他，你们这些人都有份，谁也跑不了！

你别解释，你一冲动把亲戚朋友都搭进去了，你就后悔吧！我知道你儿子死了，可你知道他是怎么死的吗?他不遵守工厂的规章制度，不安程序错误操作，违犯操作规程，这纯粹是一起责任事故。责任事故你明白吗？你儿子负全部责任！石厂长不止一次告诫过他，同事也提醒他，可他执迷不悟，出事故了，晚了，怎么办？你冤，石厂长不冤？人家和你协商，你上来就打他抓他要儿子，怎么解决问题？

我知道我知道，我们是人民的干部，是你们的公仆，出了事我们一样心痛，当然，我不帮你谁帮你呢？不过你得答应我一点，别再去上访了，我给你解决问题，你犯的罪我给你兜着，并给你个满意的答复。”

王一博问李龙汉旁边一个老汉：“你有儿子吗?有.你儿子一月给你多少钱?”

老汉自豪地说：“我儿子孝顺，每月都给我100元，我再养点鸡鸭，够花了。”

王一博又把脸转向李龙汉：“你今年多大了？53？照50，你活到80，也不过30年，一月你儿子给你100元，30年不过36000元，再给你老伴36000元，加起来才72000元。你还得给你儿子盖房子娶媳妇，十万够了吗？好了，别说了，我给你加3倍，争取给你要出20万.人死了就死了，又不能复生，有这些钱你们就能安度晚年了，不用谢，好好猫在家里别上访了，要是被公安局抓了挖出你们的犯罪行为，我可就真保不了你们了。好了，走吧，我很忙，我得做工作，工作当然难做，尽力尽力而为，我会当成我自己的事来做，别谢了，回家吧，先回家吧。”

吃过晚饭，石进大包小包敲开了王一博家的门。王一博依旧冷着脸：“石老板，我们是老相识了，我说话不掖着，你跑，你下半辈子将在通缉令的逃亡中生活，人命关天你知道吗？我可听说了，你们厂安全措施不到位，规章制度不完善，工人疲劳操作，严重违犯劳动法，你作为法人代表，难辞其咎，等着坐牢吧你！

你别求我，你跑就是了，等者下半辈子过流亡生活吧！真让我帮忙?没别的办法，拿钱，30万，多？一条命啊，你儿子不值？不拿也行，李龙汉天天等着你儿子呢，好好我给你调解，你可得听我的，我尽量25万以下给你搞定。”

五、我吃了我儿子的肉——李龙汉

儿子走了不到20天，李龙汉头发胡子就全白了，事情也算过去了，兄弟爷们跟着挨饿受冻，再悲痛也得请他们吃顿饭吧！

在村头饭店里，李龙汉要了两桌菜，把本家兄弟爷们都叫来，看着李龙汉哭丧的脸，大家本来想劝劝的，又想到任何语言都是多余的，于是又都默不作声了。

菜一道道上来了，突然，李龙汉眼一直：在一个猪耳朵上，竟然生着几个多余的肉球！李龙汉啊的一声叫，吃进去的东西吐了一桌子，怎么会！怎么会！！李龙汉嚎啕痛哭："儿啊，我吃的是你的肉啊！"别人都明白了，李小强的耳朵后也有几个肉球，俗称"拴马桩"。

李龙汉疯了，将桌子一下掀翻了，又拿起钱，纷纷扬扬向空中撒去……

六、我知道事情的真相——赵军

赵军那天早晨和李小强一块进的车间，赵军叫石进姑父，刚来厂子十几天，看到李小强痛苦地挣扎，赵军吓慌了，他没有去采取措施，而是惊叫着往外跑去找他姑父。姑父出门了，正在院墙外浇菜的姑姑闻声跑进来，听语无伦次的赵军讲了一半，立即跑进车间里拉下电闸。

李小强的衣服被拖进床子里，面目因痛苦而狰狞恐怖。赵军的姑姑没有慌，给石进打电话的同时，把李小强的衣服剪碎包扎了流血的伤口，十分钟后，石进回来了，立即把李小强抱到车上.一边开车一边给他的老同学张林打电话。一路上，李小强躺在赵军的怀里不停地挣扎，痛苦地呻吟。

车进医院，张林早在急救室等着了，把李小强抬进来以后，张林给他做了全面检查，然后把石进拖进角落里："老同学，他的颈椎腰椎全断了，手术非常困难，成功率很低，很可能成为植物人，而且以后的治疗和护理费用也将是一个天文数字，孩子的一生将痛苦不堪，受不完的罪，这对他本人也是不人道的，死了，你一次性补偿就行了，不死你下半辈子甭想安生了，我建议放弃，你们商量一下。”张林最后说。

石进跟老婆在角落里嘀咕了一阵子，老婆说那就这样吧，先别和他父母说，他们要求治疗怎么办?你马上给张林打电话告诉他。

李小强躺在急救室的小床上，经历着一步步通往死亡的路，身体扭曲，呻吟着，他无法理解，已经到了医院，为何没人对他救治呢?他得神智一会清醒一会糊涂，张林看他痛苦，给他打了一针镇静剂。

11点的时候，张林打来电话：“人，已经死了，已送太平间。”石进给李小强的家人打电话.半小时后，李龙汉来了，来了就抓着石进的衣领不放：“我儿子呢？你还我儿子！为什么8点多就出了事，现在才给我们打电话，你还我儿子……”

七、我又口渴了——乌鸦

还是一年前那只乌鸦，乌鸦是一种有灵性的鸟，它在一年前就已经预知了李小强的灾难，可它无法告诉他，语言不通是一件大事。

一年过去了，街上行人依旧熙熙攘攘，并没因为缺少了一个李小强而显得冷清。乌鸦见证了这一年的变化：

私营企业依旧偶尔发生缺指头断胳膊的责任事故；

张林依旧经常做噩梦；

石进已经破产，正在别人的工厂里打工；

王一博乡长到县上工作了，县长还当面夸奖他是不可多得的人才；

赵军吓得再也不敢干车床了，如今在水产公司卖咸鱼；

李龙汉整整大半年都没出过门，老婆接受不了噩耗已经去世了，偌大个院子只剩下他凄凄凉凉一个人了。今天他拿了个小板凳坐在门口，呆呆地望着天空发呆.有人路过,跟他打招呼:"小强他爹,吃饭了吗?"李龙汉茫然回头:"小强,小强是谁啊?"

一个老太太走过来:"龙汉啊,事情过去这么久了,日子还得过啊！你应该再成个家啊！好几个看上你的,要不改日让她们来你相相?"

过路汉子说:"看上他了,是看上他的钱了吧?"

乌鸦都知道,李龙汉神志不清,钱一直有他大哥保管,他大哥用这钱给儿子买了辆车跑运输,没出三个月车毁人亡,儿子没事,司机和车完了,刮净家底还没够赔偿司机家属的。

乌鸦口渴了,正在院子里喝水,它是一只鸟,不大明白人世间的是是非非,但是它很喜欢李小强,它希望他来世能变成一只鸟,能与它一块自由飞翔。

秋 钓 图

杨大刚自幼酷爱画画,画了一辈子,山鸟虫鱼,无不涉及,也曾师学名家,只可惜成绩了了,一直也没画出个结果,大概是天赋欠佳吧。

倒是当初的师兄弟们,个个都已了得,很多成了大家。杨大刚无奈,只好给师兄弟们裱裱字画,勉强挣口饭吃。

一天,大师兄山水画家柳道过来喝茶,看到师弟过的寒酸,就扯过自己的两幅画塞到杨大刚的画里,说:"送给你两幅画,卖了给孙子买点零食吃。"杨大刚呵呵笑着:"扶贫来了。谁不知道你的画单幅已经到了三万?这就是六万块啊,就不心疼?"柳道说:"咋不心疼,今明两年裱画不要跟我要钱了。"杨大刚知道大师兄裱画并不多,一年也就花万把块钱,只好嘿嘿干笑。

等到师兄走了,杨大刚扯出画仔细看。一幅是《岁岁如意》:近景葡萄,鲜艳欲滴,而远处是奔跑的鹿。画的名字取其谐音,画工让人啧啧而叹。而另一幅则是《秋钓图》:一老者独钓寒秋,枫叶泛红,菊独绽放,秋风瑟瑟,萧江颤颤。画上垂钓老者裹紧了衣襟,静静地坐在江边。萧肃之气不禁使观画者也寒战。杨大刚自是叹为观止,自叹弗如。因甚是喜爱,便收到画室的最里面,以便随时观赏。

谁知杨大刚第二天有事出去了一次,回家想翻出《秋钓图》再揣摩观赏一番,却怎么也找不到了,急得跟老伴发脾气,把心爱的茶壶都摔了。老伴说:“家里又没来贼,就算来了贼,也不可能只偷你那一幅画啊?”

过了一会儿孙子放学了,说:“我们班主任说了:今年教师节不收礼,只需把家里挂不着的字画拿幅去就行了,说是充实一下阅览室。我就随便在你画室摸了一幅。”

杨大刚一下傻眼了:孙子上的是实验小学,学校里尽是些大老板大干部的孩子。为了不让孩子输在起跑线上,当初杨大刚是削尖了脑袋才把孙子塞进去的。去年教师节的时候收红包人家是500元起,可杨大刚只给孙子包了200元,让老师找理由好一顿批,好在今年上级发了文件一律不让收红包。谁知教美术的班主任又想出这么个招,感情都是些大户人家的孩子,随便一幅画也值500多。

现在孙子都上五年级了还没进步呢,红领巾一直没戴到脖子上,总不能再去把画要回来吧?

杨大刚啥也没说,事已至此,也没必要再说孙子了。好在孙子的班主任是教美术的,应该懂得画的价值,也不算明珠暗投。于是徒叹了几口气,该干啥干啥去了。

在以后的日子里,杨大刚却总忘不了《秋钓图》,做梦都梦到好几次。

一天,杨大刚正在店里忙活,进来一个中年妇女,说是要裱幅画送朋友,朋友迁新居了。中年妇女话很多,说画是她一个学生的爷爷画的,那老头画了一辈子画,就没画出个名气来。不过这幅画还可以,画得比较细,让给随便裱一下。

杨大刚正忙着,有一搭没一搭地答应着。可等到把画一展开,杨大刚的呼吸都要停止了,竟然不自觉地颤抖不止:这不正是自己日思梦想的《秋钓图》吗? 他定定地看了那妇女五秒钟,说:“这个裱一下要1000元。”中年妇女从鼻子里哼了一声:“拉倒吧,你给裱个50的就行。”杨大刚试探着说:“那是暴殄天物啊,这个画值两三万呢。”中年妇女哈哈大笑:“拉倒吧你。那样的话那孩子就不是班里最寒碜的了。你要,一万块钱卖给你了。"

杨大刚红着脸说:"当真?"中年妇女笑着说:"当真。"杨大刚知道她是真没看懂古篆体的印章和题字,也不知道是谁画的。急忙打电话凑钱,凑够一万交到妇女手里,妇女拿着钱说:"可不许反悔啊?"杨大刚鼻子里哼了一声:"我还怕你反悔呢。"

妇女拿着钱,风一样跑了。

晚上孙子回来,高兴地跟杨大刚说:"爷爷,今天老师表扬我了。"杨大刚也乐呵呵地笑了。

过了几天,孙子就戴上红领巾了,高兴地攀着杨大刚的脖子:"爷爷,老师还让我当了小组长呢。"杨大刚嘴里答应着:"好好……"孙子又说:"爷爷,你把你以前画的画给我找出十张八张的来,老师让明天交给他。"

给我一个心动的理由

和尚没做和尚的时候就半夜起来打坐。

零点的钟声刚过，和尚已坐在床上，双腿盘拢，双手放在膝上，眼睛半合，眼观鼻、鼻观口、口观心，均匀呼吸……

转过年来和尚就走了。和尚是正月初二走的，那一天新女婿旧女婿走了一街。和尚没处去，原岳父岳母大人对他视如大敌。和尚将儿子送到父亲家里，说你们上去住吧，我出几天门。和尚说的上去住并不是到楼上去，山里人的房子这家的院子比那家的屋脊高，和尚是让他父亲住到他的新房里去。父亲说，我不去，家里弄得跟佛堂似的，怪瘆人。

父亲不去和尚还是走了。和尚这一走就是三年。和尚回来的时候就是真和尚了，脑袋剃得光光的，一见阳光就灿烂得不得了。和尚穿着大红的袈裟，面色红润，耳朵又宽又大，目光里带出许多仁慈，救世主一般。和尚的回来震惊了许多人。王百万秃着并非剃度的光脑袋给和尚磕了三个响头，然后恭恭敬敬奉上一千元。和尚说敬僧比敬佛更有意义，偷僧的钱比偷佛的钱罪过更大。然后将钱一握，像塞一卷擦鼻涕的纸一样塞进身后的黄褡裢里。王百万说，我一生做过许多万不得已的坏事，希望求一个帮助赎罪的方法。和尚说，有钱用不完可以留给子孙用，有权用不完可以帮着子孙用。唯有生命是自己的，有生命就有轮回，有往生，有因果报应，就要赎罪。和尚给王百万一串佛珠，并教他一套赎罪的咒语。

和尚有一段时间住在我家里。我住的是两室一厅的房子，我让儿子和侄子在客厅里睡，把他们的床让给和尚。和尚会讲许多经，禅机也悟得多。和尚的高深道行引来了不少权贵诚心相问，其中也包括我们厂长。不过他们和王百万提的问题相似。和尚的回答莫测高深。不过他越神秘越有人对他顶礼膜拜。于是在相当长的一段时间里，我那些尊敬的领导们一边搂着三陪或一边数着脏钱一边念那咒语。

有一天我看到"风不动，树不动，心动"这句话，就拿来问和尚。我说风不动就不是风，有风树怎么会不动？只说心动，不合情理。和尚对我的愚笨宽宏地一笑。和尚问，你住几楼？我说六楼。和尚说你每天往返几次？我说怎么也得十来次。和尚说一共多少级台阶？我愕然……没数过。和尚说总共也走了几万次了吧？怎么会不知道呢？只因你的心没动！和尚说我之所以做了和尚，就是既不见风动，也不见树动，心也不动，心静如水，心无一物。菩提本无树，明镜亦非台。心不动，则无欲，失却执着则万物空明。本身无一物，就招不来尘埃。即《金刚经》所言：无我相、无人相、无众生相、无寿者相。也正是不是人人都能做和尚的原因。也有人称其慧根……

和尚还讲了他给妓女讲法的事。和尚说我没辟谷的时候不敢给她们讲法，那帮女子很顽皮，和尚不是太监，我怕犯戒。自从辟谷以后我不怕了，因为我已静如止水、了然无物。一切皆是众生，万物皆是平等。我已看不到风动、树动，自然也不见裙子、脂粉。我已感化了许多女子，此次回去，师傅可能还安排我去。

但是一年后我听到了和尚结婚的消息，妻子是一个他说法感化的妓女。

一次我走了几百里去找和尚。和尚依旧满面春风，只是已不穿袈裟，头还光着。和尚见我豪爽地大笑，扶我坐在真皮沙发上。他的妻子娇小妩媚，风韵动人。他妻子不在的时候我偷问他什么时候心动的？这句话有点不怀好意。和尚并不介意，依旧宽容地笑着说，人生下来就溺在欲望里，就像溺在水里，要活着，就得呼吸，一呼吸欲望就流进了肚子里，无法摆脱。常人憋几分钟，或干脆不用憋，我们憋几个小时已实属不易。执着和欲望是难以丢弃的，因此我现在做居士，同样是修行，长存菩提心才是最重要的……

然后我很难为情地问了居士的收入情况。居士已深谙人的心理，又有很深的佛学和禅宗造诣，因此很多人请他讲法。现在讲法跟以前不同，是收费的，每节课的费用大致跟党校的政治处教授持平，很多人都想在这人欲横流的世界里获得一次精神上的洗礼，因此居士的收入不菲。在讲到钱的时候，居士的眼里熠熠闪光，这在以前是不曾见到的。钱这东西，你不为它动，它与废纸无别，而一旦心动，其光芒四射。

最后我更难为情地说跟居士借点钱，居士将大手一挥，过几天吧，我正想买台中央空调。我的眼泪刷就下来了，过几天？你以为我住隔壁？几百里呢？

原先的和尚现在的居士是我大哥，我跟他借钱是给他的儿子交书费，顺便给我们共同的父亲一点养老金。我现在已下岗，已有一年多没发工资了。

现在的我经常半夜起来打坐，眼观鼻、鼻观口、口观心、心神合一。我很想念我的大哥，大哥，你能给我一个心动的理由吗？

看 门 老 徐

在局里，老徐是唯一一个没有编制的人。拿的工资最低，干活却最多。

公事私事，喊一声，老徐就屁颠屁颠去干了。而且脾气好，见人三分笑，不笑不说话。扫院子，烧开水，该干的不该干的，局里的体力活他几乎包了。

他的主要责任是看门。局里的车还没到门口，他就一路小跑把门打开了。就连外来办事的，他也是笑脸迎送，为局里树立了良好的形象。和他倒班看门的是老刘。老刘原是办公室副主任，一场病，干不了了，又没到退休年龄，只好委屈一下去看门。不知是生过病的缘故，还是不想进步了，原本也好脾气的老刘，如今就像人人欠他的钱。不但活不干，而且脸总拉老长。

人就怕比着，一比老徐就更显得难得了。

有一次开会王局长就说了，看老徐，不讲报酬不攀比，是个难得的好同志。从机械厂下岗好几个月了，谁也不用。没想到让咱挖来了。咱是个穷局，没多少外快。不过我们还是要尽量照顾一下。

于是以后局里再分福利，有那没头的刀鱼，长疤的苹果，就照顾给老徐了。

会，老徐是没资格开的。照顾却是实实在在拿到了。于是干得更起劲，笑得更卑微。

老徐没什么爱好，就是爱鼓捣个彩票。因为没钱，每次就买一注。局里人看到他总在研究，就冲他打趣，老徐，又中大奖了吧？

老徐就笑，嘿嘿嘿，不说话，显得挺傻。

而情况却突然在这天晚上发生了变化。刚刚十点半，钱副局长来开车。老徐说，墙上有制度，过了十点，没有王局长的亲自指示，车是不能随便出门的。

钱副局长和王局长平时有点不对付，脸色很难看，就说，老徐啊，我不出去了，但要告诉你，不要狗眼看人低。

老徐的脸绷着，从没有过的严肃。

凌晨一点，小李回来了。小李也有个李刚样的爹，虽然只是个司机，开着局里的三号车，但那车就是给他配的，没人指使得动。因此没到门口呢，就按喇叭。喇叭声在寂静的夜里格外刺耳。要在平时，老徐早等在门口了，可这次没有。

小李以为是老刘值班，就下来要自己开门，一看是老徐，马上嘴就不干不净起来。

老徐说，把你的狗嘴放干净点。墙上有制度，十二点以后任何人不能进来。

小李气不打一处来，心想你个小小的临时工，都想动手了，抬头一看，眼前的老徐竟比他高出半头。而他一直以为老徐比他矮的。就把手放下了，骂骂咧咧走了。

第二天，门口照样扫得干净，鲜花照样浇得水灵。但人们发现有变化了：老徐的笑变得不卑不亢了。再有人喊，老徐，几个纸箱子你拿去吧。老徐会直接说，请扔到门口垃圾桶吧。

优越感是有人比着才感觉得到的。没有人比着了，大家竟然很生出一种失落感。

到了晚上，王局长来拿东西，八点半了，传达室竟空无一人。王局长知道是老刘的班，可以前老刘不来一直是老徐盯着的，这次老徐也走了。王局长嘴里说着这个老徐！却给老刘打电话。

局长就是局长，局里被传得纷纷扬扬的东西他一下子就捕捉到了。

第二天晚上，王局长亲自到了老徐家里。老徐啊，王局长递给老徐一支好烟，把受宠若惊的老徐摁在凳子上说，我今天来呢，有一个事和你商量。行呢，算我求你，咱就办，不行呢，就当我啥也说。

老徐就说，王局长是我的恩人，有话您尽管说吧。

王局长说，你先回答我一句话，你是不是中了五百万大奖？

老徐一愣，你咋知道的？我从来没对人说过啊？

王局长哈哈大笑说，那就是有了？

然后又说，我想用六百万买你的五百万。

老徐的嘴张得老大，为什么？

王局长说，这你就不用管了。而且会为你规划好，使你的六百万不止六百万，并让你的子孙不再失业。

老徐说，有这样好事？那你说怎么办呢？

王局长点了一支烟，也给老徐点上，缓缓地说，我用一百万给你租处厂房，再随便买点设备，然后给你安排个会计，不管赚赔，不出三年，你的五百万就正大光明了。而我用彩票上的五百万，买房子买车也正大光明了。你想想好不好？

老徐平时不抽烟，现在却笼在烟雾中不说话，然后是咳嗽，烟都尽了，才说，谢谢王局长的好意。只可惜，我不是做生意的料。多少年了，我都弯着腰，现在感觉，挺直了腰板，看大门都很快乐。你还是让我继续看大门吧。当然，你不用我了也可以，不再为吃饭发愁了，干啥我都可以挺直腰板了。

心就是一杆秤

吃过早饭，茂林老汉袖着手，匆匆地向集市走去。

腊月的风，刺骨地刮，空中还零星飘着几个雪花。乡间的土路冻得硬邦邦的。茂林因为走得快，脚又不自觉的跛起来。在杨村，茂林被称作跛脚茂林。其实茂林的脚不是很跛，走得慢了根本看不出来，可杨村是个父子庄园，大都是姓杨的人，既有杨茂林，还有个杨茂银、杨茂勤，为了好区分，他就成了跛脚茂林了。

这可是茂林心底的痛哩！

这是春节前的最后一个集市了，人熙熙攘攘的，却又都匆匆忙忙的，心里有种焦灼感，话不很多，东西却买的不少，倒少了平时集市上那种讨价还价声。

只有茂林是悠闲的。袖着手慢腾腾从这头走到那头，最后在修鞋的老刘跟前坐下来。过年了，都换新鞋了，谁还修鞋啊？老刘的生意清清淡淡的。可老刘孤身一人，自己呆在家里憋闷，还是到集市上，没生意也看看那红男绿女，抽上两袋烟，打发一下孤闷的日子。

茂林抽出香烟，递给老刘一支。两人熟识，有一搭没一搭说着话。

旁边是个卖水果的小伙子，汽油三轮上装满了苹果、桔子、香蕉……小伙子叫海宁，人长得利索，嘴也甜，又是腊月集，买卖自是相当的好，还按了扩音器,把个集市喧哗得很是热闹。海宁心里高兴哩,前几天邻村二婶给介绍个对象,姑娘叫小燕,长得漂亮,还是高中毕业,那真是要模样有模样,要学问有学问,要做买卖绝对是一把好手。二人见过几次面,彼此都很满意,过了年正月里没事,就要商量着给定下来。海宁能不高兴吗?真是睡觉都要笑醒了。

这边茂林和老刘闲着无聊,已然摆上了棋局,楚河汉界开战了。

杨村的茂军也来赶集,买苹果的时候看到茂林在下棋,喊一嗓子:“茂林,过年了不在家收拾一下,在这里下棋,你倒也下得下去。”茂林说:“二哥,你也来赶集了。孩子们大了,有活让他们去干,我们也该退休了。”

茂军买上苹果,对老刘说:“别下了,先给我缝缝鞋。”又拖个马扎坐下,脱下鞋递给老刘。老刘把棋盘一划拉:“不下了,先干活。”

茂林拿过茂军的苹果看了看,茂军说:“你要不怕凉就吃个吧。”

茂林问:“这是多少苹果?”

茂军说:“六斤二两。”

茂林拿过旁边卖韭菜的杆子秤称了称。

茂军问:“够秤吗?”

茂林不说话,呵呵笑。

茂林站起来,看看天,说:“天也不早了,也该回去了。”

也走到卖水果的海宁边,问:“小伙子,苹果多少钱一斤啊?”

海宁看了看他,一怔:“大爷,您买苹果啊?现在生活条件好了,过年大鱼大肉,吃点水果有好处啊。我这么好的苹果,只卖一块八。怎么样?来几斤。”

茂林说:“好,看着好的给我称点。”

海宁找那又大又红的捡了一方便袋,一称:“八斤六两。十二块两毛四,要您老十二块二。”

茂林呵呵笑着，付上钱，提着苹果走了。

海宁的水果也一会就卖完了，发动起车，回家。一边走心里一边想：小燕私下里打报告，说是他爹要来对我考察，刚才那老头长得跟小燕很像，十有八九是她爹。今次少跟他要了钱，看来这次考察应该是满分了。

过了年，海宁兴奋又焦急地等待着媒人的消息。好不容易把媒人二婶盼来了，却只带来一句话："这桩婚事黄了。她爹说了，做小买卖的，连个账都不会算，还不赔掉了腚……"把个海宁一下子定在了那儿。

在杨村，小燕也正跟她爹吵："集市上那么多卖水果的，你就那么肯定那一定是海宁？"

茂林说："卖水果的是不少，可二十来岁的就两个，也就那一个符合你说的模样。爹不会看错。那小伙子做买卖是好手，可是心术不正。村前你茂军二大爷买他六斤二两苹果，他就欠他三两多。开始欠人一根针，日后亏人一锭金啊。"

小燕听着就哭了："这也不是什么大毛病，我让他改还不行吗？"一抬头，却发现茂林满脸的泪。

茂林说："你知道爹的腿是怎么跛的吗？爹年轻时也做小买卖，就因为缺人家斤两，被人给打的啊。做买卖，一旦走了歪路，而等到想起要改的时候，就晚了啊……"

算准你一生

我初中毕业后就在家闲逛,一直到二十多岁了还没找到工作。闲着就容易出事,一帮无所事事的年轻人凑一块,当然时不时犯个小错误。

老娘怕我如此下去会学坏,着急了,又没别的办法,郁闷之中,非要找个算命的给我看看前途。当时在我们县城,算命的都在一条街上,而有两个人算得最准。一个光头长须,皂衣皂袍,大牌子写着“神算”。我们叫他和尚。另一个长发无须,黑衣黑袍,牌子上写着“孔明真传”。我们叫他道士。他们两张桌子分设在街头的两面,遥遥相对,没人的时候各自在桌子上练毛笔字,来人了互相掐架。

老娘拖着我刚走到街头,道士先站起来:“大嫂一定是给孩子看学业。”和尚一看没反应,马上说:“肯定给孩子看前途。看前途我神算最准。”道士说:“我得到了孔明真传,专门给人看前途。”

于是老娘没开口,两个算卦的倒先掐了起来,自我吹嘘,污蔑对方,最后眼看要光膀子摔跤了……道士说了一句:“我免费给这孩子算一卦,一句话算准孩子一生,要不准把我卦摊踢了。”和尚也说:“我也免费,也一句话概括孩子一生,不准的话把我脑袋拿去。”两人吹胡子瞪眼,各自回到桌前,拿起毛笔“刷刷刷”写下几个字……

道士说:“我算得可准。”和尚说:“我算得也不差。可否交换一看?”道士点头，二人交换，然后“哈哈”大笑。道士说：“真是神算。”和尚说：“对仗工整，颇得孔明真传。”

自始至终老娘没说一句话，全是两个算卦的闲扯。道士找个锦囊将两个条子装起来，封好口，交给老娘：“孩子一生命运都在上面呢。此乃天机，不能擅看，需到孩子六十岁以后才可拿出来看……”

一晃几十年就过去了，我逐渐在一家国营企业找到了工作，磕磕绊绊活到了五十多岁。然而先是企业改制，然后破产，我于是下岗了，徘徊和迷惘一段后，做过小买卖，干过建筑工，虽然艰难，也好歹能够娶妻生子。孩子逐渐长大了，又为了孩子的事操心，求爹爹告奶奶，帮他找工作，找对象。好歹孩子有了一份稳定的职业，也要结婚了，可我们的房子只有三十多平。为了孩子，我贷了款，给他买了新房，可是钱还不够，只好把老房子卖了凑上。

离开老房子了，心里一股心酸。在收拾旧物的时候，就发现了那个老娘藏起来的锦囊，一股往事涌上心头。我也为人父母了，想起了老娘当初的艰难，泪水忍不住流下来。那次算卦的事还清清楚楚记在心里，忍不住就打开了锦囊，两个纸条上分别写着：“一生坎坷活到老，多次失败终有成”。真是对仗工整！我不得不感叹两人的神算，对我这一生的总结贴切到绝处。

妻子拿过来看了看，往桌上一扔说：“这适合99%的人。”

鱼 钓

王铮干上城建局长的时候,已经有两任局长从这个职位上落马了。王铮已经58岁了,此时已是最后一任,干下来,就安全到站,光荣退休。

王铮每天如履薄冰,小心翼翼。他定下规矩:无论是谁,都不能到他家里谈公事。双休日,为了避免不必要的熟人骚扰,带一个只有老婆知道号的手机,自己开车到几十里外的水库去钓鱼。

水库里钓鱼的人不少,却互不相识。王铮钓得安然自在。水库是大自然自己形成的几千年的野生水库,库底自然卧了不少大鱼。有一天王铮运气特好,竟然钓到了一条足有几十斤的大鱼,王铮一抬没抬起鱼竿来,又抬还不行,只好带着鱼竿沿岸溜鱼,三溜两溜,脚下一绊,竟被鱼拖进了浅水里。王铮赶紧爬起来,旁边一个钓鱼的老头也过来帮忙。王铮解嘲地说:"呵呵,鱼大成精了。"初春的天气,风还刺骨。老头忙说:"我家就在附近,先到我家换身衣服吧。"

王铮开始还推脱,禁不住老头一个劲相让。又一想,不过是一个农家老头,又实在冷,就去了。

老头就住在旁边的村子里。房子不很好,却还干净。老头先拿出自己的衣服给王铮换上,又吩咐老伴把湿衣服烤上。然后拿出一瓶酒:"自己酿的,弄口尝尝?"王铮既来之则安之,也就不推辞了。

二人推杯换盏，相谈甚欢。当然王铮没说他是干啥的，老头也不问。

又一个周末，王铮钓够了鱼，直接就去了老头家。不能白吃人家的不是，王铮带了现成的食品和酒。老头也不推辞，只是拿出自酿的酒，说："比你的春王好。"王铮也不客气，二人落座，推杯换盏。

一来二往，两人就成了好朋友。有一天喝酒正欢，老头拿出一幅画，说是祖上留下的，让王铮鉴定一下。王铮一看，是一幅"秋钓图"，画着一个老头在水湖边钓鱼，岸上菊黄竹缩，秋风瑟瑟。立意很好，画工也好。只是落款不甚明确。王铮对画本无研究，只是看着顺眼，就连声说："好，好……"

老头说："一张破画子，这么旧了，咱庄户人没用，送给你当个玩意吧。"

王铮说："那不行，备不住值钱呢，你先去鉴定一下。"

老头说："鉴定啥，以前就在屋里挂着的，脏成这样了。"

王铮一看，不好再推辞，就收下了。

回去以后很喜欢，经常拿出来看，后来就直接挂办公室了。

后来一段时间，市里要建一个国际会展中心，王铮一下子忙起来，双休日也取消了，没时间去钓鱼了。

投标那天，办公室进来一个四十来岁中年人。进来就打招呼："王叔，你好，我是赵强，还认识我吗？"

王铮一怔，看着有点面熟，没想起来。赵强一指王铮后面的画，说："我住在水库边，您跟我爸爸是好朋友。"王铮的心里就有些不快，说："你也来投标吗？"

赵强说："是啊，我也干工程。"

王铮说："那下午投标吧，同等条件下我帮你。"

赵强说："谢谢叔，中午一块出去吃饭吧？"

王铮说："那不行，我们有纪律。"

赵强就没说什么，出去了。

下午的投标,赵强中标。

王铮也和三个副局长开了碰头会,三个副局意见难得统一,一致拍板让赵强干。王铮总感觉有点不对劲,可也没说什么。

过了一段时间,没出王铮的预料,还是出事了。赵强潜逃,三个副局长被双规,王铮党内记过一次。

在反贪局,副局长们感到很冤枉,说:“王铮拿了一个郑板桥的《秋钓图》,价值数百万,为何只记了个过?”

反贪局长拿出一幅画,问:“是这幅画吗?”

副局长们面面相觑,冷笑了一声说:“你们被潜规则了,别来这一套。那幅画一直在他办公室挂着呢。”

反贪局长说:“王铮拿画来以后,就去做了鉴定。发现是真画,就到反贪局备了案。如果没事,那是正常赠与,退休后还给人家;如果相求,此是贿赂,就交到局里。因为他太喜欢那幅画了,就又求人临摹一幅挂在办公室里……”

此时的王铮正坐在他的老板桌后面,副局们的落马让他脊背一阵阵发凉,感觉就像走在刀尖上,当官当得像玩火……

到周末,王铮又去钓鱼,秋风起了,落叶萧萧,到处一片凄肃景象。他感觉自己很像《秋钓图》里的老叟。

鱼浮子动了,提上来却没鱼,只是鱼食没了。如此几次,令王铮气恼不已。

想一想又笑了,不是吗,人在钓鱼的时候,鱼也在钓人。

一只芦花鸡

地里的麦子开始泛黄了,麦浪翻滚着,波涛一样起伏。空气中弥漫着着一种丰收的,甜丝丝的味道。

一只芦花大母鸡,迈着悠闲的四棱步,啪嗒啪嗒走在麦田的边沿。显然它也被这麦香吸引了,不自觉的就折进了麦地里,一抬头,刚刚好,含住一粒麦子,脖子往后一缩,眼睛一闭,麦子就进了肚子里。芦花鸡在田埂上边走边吃,不时会踩到一朵朵彩色的喇叭花,清风徐徐,天高云淡,芦花鸡感觉自己正生活在幸福里,它对自己的诗意生活相当满足。

但就在这时,灾难来了。一个石块落在它不远的地方,芦花鸡一怔,另一个石块紧接着又飞了过来,芦花鸡的翅膀一腾,想要飞起来,可它这样的功能却退化了,只好边跑边尖声叫着,可它还是跑不过石块,一块石头就砸到了它的屁股上……

扔石块的是这块地的主人王嫂。而芦花鸡的主人李嫂正站在不远处呢,她目睹了这一切。王嫂和李嫂素来不和。李嫂不乐意了,李嫂说,它不就是到地里找个虫子吃吗?你值得往死里打它吗?

王嫂说你眼瞎啊,它吃麦子你没看到。敢情你们家人爱占别人便宜,畜类也爱占别人便宜吗?

李嫂生气了,李嫂说你家人才爱占别人便宜,你家的人连畜类也不如……

于是战争从芦花鸡上升到两家人的高度，两个人越骂越起劲。正是中午吃午饭的时候，听到吵闹，街上一下站满了人，大家纷纷在旁边劝，两人却越骂越起劲，最后干脆动起了手。李嫂个头大，劲头也大，一会就占了上风……

等到王嫂的丈夫王大哥出来的时候，王嫂的脸上已经被抓了好几道口子，披头散发。王嫂一看到王大哥，就骂开了，你是死人啊，你老婆被人打死了也不来帮忙……王大哥被骂得兴起，也看到老婆确实吃了亏，就冲上来，一下子把李嫂推到了，李嫂正跌在路边一块石头上，疼得龇牙咧嘴，李嫂于是拍着大腿嚎啕大哭起来……

然后在众人的劝说下，战争便结束了。芦花鸡站在远处的田埂上，亲眼目睹了这一出闹剧。

到了晚上，李大嫂的丈夫李大哥回来了。李大哥为人老实、木讷，家里有事全凭李大嫂做主。李大嫂吃了亏，又觉得在乡亲们面前丢了脸，一遍遍向李大哥哭诉过程，李大哥唯唯诺诺，并不搭腔。李大嫂可真火了，骂了李大哥大半夜：我怎么这么倒霉啊，嫁你这个窝囊货，我真缺八辈子德了，你说你老婆都快被人打死了，你连个屁都不敢放，你还算个男人嘛……

老实人也有火的时候，李大哥说，你先睡吧，顶多我去杀了他！

第二天，王大哥骑着摩托车去上班，出村需要上一个大大的坡。王大哥加大油门，用力冲上去，刚冲到坡顶，突然横着砸过来一木棍……摩托车由于惯性向坡的另一面冲下去，而王大哥却头破血流地顺着来路滚回去了……

等到被发现，王大哥已经没气了。案子很好破，李大哥下午就戴上了手铐脚镣。

下过几场雨，远处地里的麦子都收完了。麦田如同一个刚刚分娩过的孕妇，肚子一下子瘪了下去，只剩下亮灿灿的麦茬。

芦花鸡依旧迈着四棱子步在村头幸福地走着。它不明白李嫂家为什么没有收割她吃过麦子的那片麦田，有好多麦子已经倒了，长出了绿绿的小芽，有的还长了肥胖胖的虫子，美味极了。芦花鸡搞不明白为什么李嫂最近不给它饭吃了，它也不明白王嫂为何要给它留这么一大片麦田，它的脑子比较少，很多事情搞不明白的。管他呢，先吃饱再说吧。

芦花鸡一边吃着，一边还快乐的咯咯咯地唱着歌沿着田埂向深处走去，走着走着天就黑了。我们说过，它脑子比较少，它已经找不到回家的路了。

其实回不回家又有什么关系呢，反正李嫂已经好长时间记不起来喂它了。

疑　　惑

这是一条古老的小街，青石铺路，路边房屋的青砖斑驳。有几个院里有几棵参天大树，将古街遮得一片阴凉。

张三是近日才搬到附近的居民楼的，在一个偶然的机会，他发现这条街上的风味小吃口味相当纯正，于是固定下来在这条街上吃早饭。

一天早晨，张三像往常一样要了一碗豆汁，两个油条。正坐在靠窗的桌子前吃着，突然发现来了一个西装革履的青年人，臂下夹着一个公文包，走到卖饭的摊子前，从包里拿出一个绿色的纸片递给老板，老板拿过来扔到抽屉里，顺手找给他五元钱，然后给他盛上一碗豆汁，又包上两个油条。整个程序跟接待正常顾客毫无两样。张三奇怪的是：那人到底拿的是什么钱？绿色的，圆形，比人民币大不少，十元面值，难道是外币？还是人民币又出新币种了？

带着疑问，张三第二天又在这儿吃饭。还好，那人又来了，还是不说话。这次张三仔细看着，可惜，这次倒是看清楚了，那人却拿出的是五元纸币，跟正常生意毫无两样。

张三是一个喜欢刨根问底的人，心中的疑惑更重了。于是第三天他又去了。可惜今天那人没来。又等一天，还没来。第五天，张三起得有点晚，去到刚坐下，发现那人夹着公文包正往前走呢。张三不喝豆汁了，跟上，看这个奇怪的人到底去干什么。原来,他大概也是喝豆汁喝烦了,到前面卖蒸包的那儿去吃蒸包了。卖蒸包的人跟卖豆汁的一样,并不答话,接过他递过来的东西就往抽屉里一放,并顺手找给他五元钱。这次因为就在身边,张三看得清清的,那个绿色的片片,根本不是纸,更不是什么新币种,而是一枚普普通通的梧桐树叶子!

张三感觉有一种恍如隔世的感觉。他想这条街的人大概是与世隔绝久了,都有了病吧?张三平时就是一个爱占小便宜的人,于是他也回家找了个包,夹上几片梧桐树叶,第二天去买豆汁油条的时候,抽出一张,递给老板。他想老板一定会顺手扔进抽屉再找他五元钱的。可是老板没有,抬头看了看他,缓缓地说:“你是不是有病啊?”张三一下闹了个大红脸,说:“我看到有人这样买豆汁油条的。”老板平时就是个不苟言笑的人,话很少,块头很大。又从绷紧的嘴里冒出几个字:“你能跟他比啊。”旁边吃饭的人也都明白了是怎么回事,一起哈哈大笑起来。窘得张三不好再停留,赶紧跑了……

这下张三是真正不明白了,那个人到底是干什么的呢?难道是工商税务人员,用这种方式吃霸王餐?五元钱的小吃也没必要啊?那是怎么回事呢?

第二天是星期天,张三没什么事,决定跟踪一下那个人,一定要弄个水落石出!

他于是早早起来,在街口等着。老时间,那人来了,夹着公文包。不过这次他吃的是兰州拉面,与前面一样,拿出一片树叶,卖拉面的给他盛上面,找他五元钱。他和正常人一样,慢条斯理吃完了,把碗放回去,擦擦嘴,夹着公文包走了。张三在后面跟着,发现他向人较多的大街走去,在人行道上转了几个来回,旁边有个阅报栏,他似乎又去看了一下当天新换的报纸。然后看一下手表,开始往回走。

又回到了那条小巷里,行色匆匆,并不往两边看,好像有什么急事要办。最后却在一个小院门口停住了。这下张三惊呆了,穿着如此体面的一个人,竟然住在一个在小院门口扎起的简易帐篷里!

这时候,小院里走出一个老头,看来是要让他到院里去,可这个怪人只是拿了衣服在院里洗衣服,并不到屋里去。这下张三实在忍不住了,进到院里,与他们打招呼。怪人只是冷漠地看着他,并不答话。倒是老头说:“屋里坐吧。”

老头的屋里收拾得倒挺干净,张三坐下,一股脑地把自己的疑问提出来。老头叹了口气说:“都是因为我啊!那天我正在街上走,过来一辆车,司机大概喝醉了,冲我就来了,多亏了他,救了我自己却被撞了,撞坏了脑子。车没有牌照,肇事后又跑了。而他是个外地人,包里没什么证明身份的东西。不知道他家在那儿,派出所的同志也一直在查他的地址,只可惜一无所获,让他到收容站去怎么也不去,又回不去了,唉!我是个孤老头,老伴早死了,年轻时在街上的小学当老师,大半个街上的人都是我学生。我想我们爷俩先过着呗,可他就是不进屋,给他饭也不吃。眼看饿死了,好歹有一天拿着一片树叶去买饭,街坊们就给他饭,再找他点钱。我拿着钱去还给卖饭给他的街坊,他们都说不要,说既是我的恩人,就是整条街的恩人,他一天找不到家,我们这条街的人就养他一天……”

老头的眼睛湿润了,张三也跟着湿润了眼睛。

潜　　伏

王强自当科长的时候,其下象棋的水平,在全局就已经无人能敌了。

那时候中午都在局里吃工作餐。吃完饭,离上班还有一段时间,便都在办公室里摆下棋局,两人一组,开始厮杀。

老局长很重视局里的文体活动,每年都举行象棋大赛,前三名跟劳动模范一样,披红挂花把照片放在光荣榜里。王强劳动模范当得不多,作为象棋冠军,照片却没少往光荣榜里贴。

局里新分来个大学生,叫李剑,中午别人一摆棋局,他就落单了。也不是没有闲着的,而是他根本就不会下棋!这在棋风如此之盛的办公室里显然是不合时宜的,要知道几个女将那也是有相当的水平的。有一次王强就扯着他耳朵嬉笑说:“怎么,在大学里光知道谈恋爱了,这个都没学会?”

李剑不说话,红着脸笑。王强说:“过来,我教你。这可是咱们的国粹,学好了,备不住能出国教训那些老外呢。”于是从“马走斜、象走方、车是一杆枪”开始,慢慢指导着李剑入门。

李剑不愧是大学生,学得很快,两三个月的功夫,已经能和科里几个女同事比划比划了。

第二年的象棋大赛,竟然进入了前三名!王强自豪极了,逢人就夸:“那李剑,开始真是啥也不会,一家伙子得了第三名,我徒弟!”当然李剑也没忘了师傅，年节都去看师傅，酒足饭饱，师徒摆开架势，必将厮杀一番。现在的李剑，可跟以前不同了，跟师傅那才叫棋逢对手，直杀得昏天黑地，那叫一个痛快。

有一次李剑还给师傅送了一个大礼，一副非常精致的象棋，尽管没有棋盒外包装，那棋却真是好，弄得王强爱不释手，整天带在身边。

不几年，老局长退休。王强升任了局长，李剑也当上了纪检书记。再举行象棋比赛，成绩基本固定了，王强稳拿第一，李剑第二，第三是一个副局长，也是王强的徒弟。再往光荣榜贴照片，有点不伦不类了，有外单位的人就嘲笑："你们局里的象棋水平跟职务挂钩吧？"这话传到王强耳朵，王强不乐意了，偷偷到街上跟那些象棋爱好者交流，基本遇不到对手，后来又匿名参加了市工会组织的业余象棋大赛，一路厮杀下来，也获得了第三名的好成绩。王强底气足了，咱在市里那也是第三名的成绩，在咱局得第一，谁也说不出什么吧？谁不服，来试试！

在局长的位子上坐得久了，每天看到的都是些低头哈腰的人，王强自是感觉志得意满。有时李剑也给个善意的提醒，王强说："咱下棋的人，懂得张弛之道，攻守之策。你师傅，你尽管放心就是。而且我也有压力，每天学习棋谱，时不时拜访名师，从棋道中悟人道。"

以后局里再举行象棋大赛，师徒三人不再参加比赛，只做评委。不过王强的第一那是没有争议的。

又过了几年，王强还是被反贪局请去喝茶了。两天两夜，王强一言不发。反贪局有个小伙子，脾气比较暴烈，一拍桌子说："人在做，天在看。三尺头顶有神灵。我们如果不是掌握了你足够的证据，也不会找你来……"王强鄙夷地一笑："那你叫神灵来举证我好了。"

第三天，已经调到反贪局的李剑来了。李剑拿着象棋、棋盘，进来就说："师傅，咱们好久没有杀一盘了。来，今天咱师徒啥都不多说，咱再杀一盘。"

王强也不说话，摆开棋盘，楚河汉界，你来我往。一进入棋局，王强啥都忘了，又有了当初的大将风范，排兵布阵，水来土掩，兵来将挡。李剑也不说话，小心翼翼，步步后退。

棋过半局，王强突然发现：李剑的后退不是退缩，而是设下了许多陷阱！而王强在得意中，已经入了圈套，想要抽身已经不及。王强的汗就下来了。

李剑开始进攻，使绊子，打暗枪，没几个回合，大炮已经架在了头顶，想要躲闪，这边槽里还卧着马，那条路上挡着车。叫天天不应，叫地地不灵，留给王强的只有死路一条……

李剑不多说，重摆棋盘，再来第二局。这一局简单多了，几个回合，王强已落败像。闲话少说，连战三局，王强一局没赢。

李剑打开随身带的包，从里面拿出一个棋盒说："师傅，这是我送给您老的那副棋的棋盒。"王强拿眼一看，上面几个烫金的大字：奖给全省青年象棋大赛冠军。

王强的头低下了，说了句："我明白了。潜伏无处不在，没有什么是可以隐藏的住的。你想知道什么？我全告诉你们。"

导读：老话总是说，人在做，天在看。可总有人不相信，以为自己做得天衣无缝。其实真的没有什么是可以偷着做的，做坏事前，一定要想想，在我们身边潜伏的人和事很多。

村长的柴垛

月朗星稀,哼着小曲的二狗慢悠悠往家走。

突然一个颤栗,一股尿意涌上来。就着路边的柴垛,酣畅淋漓的一顿痛快。一股冷风袭来,禁不住一个颤抖。柴垛上尚有未曾融化的残雪,西北风嗖嗖往裤裆里钻。

二狗夹夹衣服,骂了句娘的。骂了句娘的之后,他发现撒尿的柴垛竟是村长家的。一股恨意"噌"得升起来,奶奶的,就在白天的时候,村长竟用手去捏二狗媳妇的奶子,二狗媳妇一边躲闪,一边说这怎么行这怎么行。

这一切都被二狗偷偷看见了。这口气不能这么忍了,一定得给他点颜色看看。二狗发着狠,掏出手机看了看,凌晨两点,狗不咬鸡不叫。

二狗在四炮家打"拖拉机",赢了一百多块钱,本来挺高兴。一下被村长家的柴垛引起了愤怒。不能这么算了,二狗想着,掏出打火机,慢慢点着了柴垛。看着红红的火苗慢慢升腾起来,二狗加快了脚步,踢踢拖拖往家跑去。村里的狗被惊醒了,汪汪叫个不停。

过了大约十几分钟,街上人声沸腾,半个村子都映红了。二狗媳妇披了衣服坐起来,问,咋回事?走水了?

二狗说,没大事,听听再说。二狗媳妇睡得死,二狗开门进屋竟没听到。

又过了十几分钟,二狗穿衣服走出家门,远远就看见一片红。西北风正大,把东南方向的一个柴垛引着了,同时熊熊燃烧,几个人站在村长柴垛前泼水。

奶奶的,二狗又骂一句。东南方的柴垛是二狗家的,刚刚燃烧不久,如果齐心协力,是能救下的。可人们只围着村长家的柴垛,二狗家的柴垛也就越着越旺。

村长披着衣服,指手画脚在指挥灭火。看到二狗,说了一句,不知谁把咱的柴垛点着了,找出人来,我非扒了他的皮。

二狗的心里又一颤。

第二天一大早,乡派出所的老王就和一个凶巴巴的年轻人来到了村里。

一头午的摸查排除,中午又在村长家喝得脸红扑扑的。下午即把二狗四炮他们四个打扑克的弄进了派出所。

聚众赌博,罚款5000拘留半月。老王对他们说。然后就到别的屋去了。

过了半个小时,老王把二狗叫到了另一间屋里,说,你嫌疑纵火,我们准备把你刑拘,交代吧。二狗心一沉,真是破案神速啊。不过想一想,抗拒从严,回家过年吧。就说,纵火,我会把自家柴垛点着?老王说,你有作案时间啊,我们不会放过一个坏人的。你回去想想,别说没给你坦白从宽的机会。回去吧。

然后四炮他们一个个被叫去单独谈话。

傍晚的时候村长来了。村长对二狗他们说,我和老王拍了桌子,不交点也不行,毕竟是咱违了法啊。每人拿一千块钱意思意思,你们给家里打电话吧。

陆陆续续的,他们都交上钱回家了。每个人都对村长感恩戴德。

天气越来越冷了,西北风越刮越猛,二狗不出门,也不敢打“拖拉机”了。

过了一星期,村长来了。咱们的柴垛被烧了,造成了损失,村里准备补贴一千元。二狗媳妇立即高兴起来,这几天正为给二狗交得一千块心疼呢。

两口子又拿烟又敬茶,唯恐招待不周。然后亲自送出大门。二狗一回头的时候,村长又在他媳妇胸上摸了一把。二狗媳妇这次啥也没说,啥也没做,大概怕被二狗听到。

过了几天遇到四炮,四炮说,知道吗?罚咱四千块,派出所留了一千,村长拿回三千呢。

二狗啥也没说。

补偿了柴垛款。四炮会信吗?二狗最近和村长关系好着呢,二狗媳妇还用村长的车回了一趟娘家。

天一暖就出外打工了,不和村长搞好关系行吗?

白　条

我天生胆小。

小的时候村里没有学校，住在离村子十里地的李村上学。晚上院子里杨树叶子的劈啪声，像鬼拍手一样令人惊恐。我常常惊叫着从睡梦中醒来，不是浑身臭汗，就是屁股底下湿漉漉的。

同宿舍的几个同学也吓唬我。往往我刚刚睡着，猛然想来，发现宿舍里一个人都没有。或者他们在门外边学鬼叫，惊恐的声音让我蒙着被子还瑟瑟发抖。

我又愚笨，老师教的东西别人都背过了，我却怎么也背不过。

同学里有个二柱子，长得又黑又高，而且他爹是村支书，老师们也敬他几分。二柱子没事的时候总好拿我开练，有时脸上、胳膊上少块皮，回家我也不敢说，就说是自己摔的。

那时我们做一种叫“摸人”的游戏，就是包袱剪子锤，输了的去追赢了的，追上了摸一把，那人就不动了，然后再追别人。而那些没追到的摸一把那些不动的同伴，就把那些人解放了，那些人可以继续跑。于是我的业余时间都在不停地追人，明明所有的人都被我摸了，而且没人解放他们，可是二柱子总是不承认被追上过。

星期六我们去偷二奶奶家的枣，二柱子总是让我上树。我站在树杈上晃，红屁股的枣子便噼里啪啦落下来……等我下来，地上早就没有好的了，只有几个干瘪的或者发青的被丢在那里，我捡起来吃，他们就跑远了，去告诉老师说我偷二奶奶家的枣子。当然，不多时二奶奶就会来找老师告状，说我们学校的学生偷了她家的枣子。老师就把我交出去，让我娘颤颤巍巍着两只小脚去给人家赔不是。

学校附近还有一个果园。那次我们去偷果子，也是我进去，二柱子他们在围墙外面等着，偷到果子从墙头扔出来。后来看园人的狗叫起来，一直把我追到围墙边上。那狗身体细长，跑起来比兔子还快，我被吓得瑟缩成一团不敢动。好在看园人制止了狗，狗才没有把我咬成残废。

果园是国家的，叫国营园艺场。看园人找到学校，我坦白了一同去偷果子的人，可老师不信，一直批评我。我一再解释，就被开除了，从此再没回到学校。

好在几个月后二柱子他们也毕业了。山村的教育本就落后，大家上点学也就勉强认识几个字罢了。

可怂人也有怂人的精神追求，在心底里谁还没有一种当英雄的梦想。这让我迷上了养狗。因为我见到的果园里的那条狗太凶悍了，那是一种让人窒息的、绝望的恐惧。我去求看园人，把我家的核桃、柿饼给老人送。老人终于答应送我一条。

那条狗又细又长，看园人叫它妈白条，我也叫它白条。白条平时耷拉着头，跟在同样耷拉着头的我的身后，一副无精打采的样子。那天我们一人一狗正走在山梁上，看到二柱子也领着一条狗走来。他领的是一条狼狗，同他的人一样，高大凶猛。他们一走进，二柱子开始嘲笑我，狗也朝着我俩龇牙咧嘴。我不敢答话，心里害怕，领着白条赶紧走开。

转下山弯，白条突然跑出去，不一会，竟叼回来一只野兔。我心里高兴，把野兔用绳子绑到一根树枝上，刚要挑着回家，二柱子和他的狗跑过来。二柱子吼一声，就要去抢我的兔子，我说："兔子是白条抓的，你干嘛抢？"二柱子说："你的狗跟你一样，一看就是个熊货，能抓着兔子？"说完哈哈大笑。然后伸手来抢，我抓着不放，二柱子一个耳光打到我脸上，顿时一股火辣辣的疼……

二柱子的狗也开始朝着我咆哮，而且越来越厉害，看样子不上来把我撕碎誓不罢休。而我那可怜的白条，同我一样，瑟缩在一角毫无动静，可能它也是吓坏了。二柱子又上来打我，我躲开了，他扑了个空，差点摔倒，于是恼羞成怒，喊他的狗："上去！咬他！"

那狗很听话，狂吠着向我扑过来，我往后倒退着，它却一下子跳起来……跳起来的样子跟我差不多高了，我惊叫一声闭上了眼睛……可是在它跳起来的刹那间，白条也跳了起来，斜着身子一口就咬在了狗的脖子上，狗哀鸣了一声，扑到地上，四肢乱颤，脖子上的血咕嘟咕嘟冒出来。

那一刻，我和二柱子都惊呆了。可我首先反应过来，扑过去一头扎在二柱子的肚子上，二柱子像条柱子一样扑到了，后脑勺碰到一块石头上，鲜血冒了出来。

我想二柱子会跟我拼命，领着狗就要跑。没想到二柱子"哇"得一声哭起来……

回到家，我吓得要命，害怕像以前的许多次一样，二柱子的爹会领着人找上门来，我娘不得不低三下四拿着东西给人家道歉，然后不停地抹着眼泪嘟嘟哝哝埋怨我。更害怕二柱子在家门口堵着我，或者在外面遇到，往死里揍我。

可是没有。我战战兢兢等了好久，什么事也没发生。

几十年过去了，如今我开了一家果品加工厂。有时往来的客户会夸奖我："厂子不大，看门的倒挺精神，黑乎乎的像半截铁塔。"我总是笑着说："他叫二柱子，是我同学。近几年日子过得比较艰难，搁我这儿帮忙呢。"

驼 背 爷

驼背爷的背原先并不驼，直着呢。亭亭玉立，玉树临风，走起来虎虎生风，是杨村里少有的健壮汉子。

驼背爷后来在城里做了很大的官，据说是局长，坐着小轿车，腆着大肚子，威风得很。可后来退休了，退休以后做了一个梦，梦见了家乡的大山，一座又一座。还梦见了什么，驼背爷没说，反正驼背爷的背一下子就驼了，弯得快到九十度了。

驼背婶吓坏了，驼背爷的儿子也吓坏了，弄着他满中国的跑，中药、西药吃了不少，各种疗法也尝试了不少，可驼背爷的背却一直弯着，而且咳嗽、失眠，脸色变得干黄，驼背婶急了，驼背爷才刚刚过了六十岁生日啊，为党为国家工作了一辈子，刚刚退休还没享福呢，这就要远行天国了？剩下我们孤儿寡母该怎么办啊？驼背婶也进城几十年了，又是干部家属，修养得也很有层次了，现在却又拿出了在杨村时候的本事，席地一坐，两手拍着大腿嚎啕大哭起来……

但事已既此，也只好问问驼背爷还有什么遗愿了。驼背爷躺在床上，躺着的时候倒是腰板挺直，只是脸色难看。驼背爷先是一阵咳嗽，然后从那一口痰里顺嘴说出两个字："杨村……"驼背婶的脸色就一暗，杨村路远，又是山路，驼背爷还能禁得起颠簸吗？可是驼背爷态度坚决，一边咳嗽一边嘟唻:“杨村……杨村……”

轿车是进不了山的,儿子借来一辆越野车,做好了各种准备:氧气瓶,急救药,甚至寿衣都准备了,然后拉着驼背爷就进了山。历尽颠簸,车子终于停在了杨村。驼背爷状态却出奇的好,儿子把他从车里扶出来,望着面前一座座光秃秃的大山,驼背爷竟然不咳了,站在那儿,两行清泪划过脸颊……

村里的书记来了,站在驼背爷面前。驼背爷说:“我要承包这几座荒山,需要什么手续?”书记论辈分喊驼背爷三叔,书记说:“三叔,山都是荒山,又没有水,你只要不是挖山卖石头,村里五十年啥都不要!如果树木能活,五十年后归公。”然后又呵呵一笑:“反正我们这辈子不跟您要东西。村里穷成这样,年轻人都出去打工了。村里就剩我们几个老东西了,五十年后村子还有没有都不敢说了……”

驼背爷突然态度坚决地说:“现在我的户口不在村里,我承包要交给村里承包费!”儿子们吓坏了,父亲是不是回光返照啊?驼背爷却不咳了,拿出了电话,开始联系省里最好的打井队,背也慢慢直了一些,跟刚才的病态判若两人,干练、果断、说一不二,完全是当局长时候的样子。

驼背爷不走了。在山下搭了一个简易的窝棚,他要进行二次创业了。

驼背婶和儿子们拗不过他,觉着只要他的病能好,想折腾就折腾吧,也许没几年折腾了……儿子们有自己的事,自然是不能陪他。老伴却不放心,留下来给他做饭。

驼背爷动用了当干部时候的关系,花尽了几十年的积蓄,又想办法贷了款,竟然在山下打出了一口井!有了水,一切都迎刃而解了——驼背爷买来了柿子树、核桃树、山楂树、枣树……有土的地方就栽上,没土的地方用拖拉机拉土来栽上……第一次栽的,树苗只活了三分之一,却花费了驼背爷大量的心血,驼背爷的脸黑了,瘦了,却精神了,没有了病态。驼背婶看到把自己养老的钱都花尽了,尽管心疼,可想想还有什么能比驼背爷更重要呢?只要他活着，一切都是次要的。山上渐渐绿了，显出了从未有过的生机。然后汛期来了，一场大雨，泥石流顺山而下，那些活了的树木被掩埋了，被冲走了……泥石流也把在山上巡视的驼背爷冲了下来，好在村书记带领着人硬是把驼背爷救了出来。遍体鳞伤的老人不顾惜自己的生命，却只心疼半年的心血毁于一旦！

驼背婶哭了，劝着驼背爷："咱还是回家吧！这么多年了，如果能种，乡亲们早种了，还用我们来吗？"驼背爷不说话，拿着旱烟袋吧嗒吧嗒抽，望着满天的星斗整夜整夜不睡觉……最后扔下一句话："死我也要死在山上！"

一切从头开始。第二年驼背爷把自己在城里的房子卖了，孤注一掷，背水一战，总结了经验，做了防护措施。这次树苗活了一半，泥石流也没有把它冲垮。

第三年驼背爷又做了补种。

五年以后，那几座光秃秃的山就变得绿莹莹的了。一天，同村的老六在放羊的时候，啃了他几棵树苗，他疯了一般要和老六拼命。驼背婶从来没见驼背爷发过这么大的火，吓坏了，自然也把老六吓坏了，赶着羊一溜烟跑了，再也不敢到山上放羊了。

十年过去了，那几座大山变得翠绿一片，树木变得郁郁葱葱，枝丫间挂满了果子……果树的管理需要大量的劳力，杨村在外打工的青壮年都回来了。在外漂泊的日子不好过啊，在家里挣钱比在外面还容易，谁还愿意背井离乡呢？

果树有了收益，驼背爷把进村的路修了，交通变得便利，来杨村的人也渐渐多起来。

驼背爷的那些老伙计们，一个个蜷缩在城市的水泥房子里，有好几个已经去西天旅游了。有几个就组织起来，找了一辆车，到杨村看看传奇中的驼背爷。

见到老伙计们，驼背爷无比地高兴。彼此拍打着肩膀，开着“没想到你还活着啊！”的玩笑。老伙计们参观了那无边无际的绿色，感叹着天然氧吧的神奇。说生活在这样的环境里，驼背爷就是想死也死不了啊！自己怎么就那么命苦，整日吸着汽车尾气，受着都市的污染呢？

驼背爷在山下重新盖了方便美观的房子，设施齐全，明亮干净，让老伙计们忍不住啧啧而叹。然后驼背爷杀了一只在山上奔跑的笨鸡，采了野菜、野菌，做了满满一桌绿色无污染的菜肴，又拿出自己用野果子酿出的美酒。

真是神仙般的日子啊！好久没吃到这么好吃的东西了，大家伙真是又羡慕又嫉妒啊！不顾驼背婶的劝阻，老夫聊发少年狂，喝着喝着就高了，自然也把驼背爷灌得酩酊大醉，最后自己钻到了桌子底下，老伙计们还开玩笑：“当年秋翁爱花，遇到了花仙，你不会也遇到了树仙吧？”再看驼背爷，却在桌子底下嚎啕大哭，眼泪一把鼻涕一把：“我有疚啊，以前我一直不敢说，现在老了，也不怕笑话了，我的背就是让那份愧疚压弯的……我年轻的时候，这山上就是漫山遍野的绿树。可是先是大炼钢铁，又是修大寨田，我领着人把那些长了几百年、几千年的树全刨了个净，连树根都刨了啊……树没了，山荒了，我却因为紧跟形势进城当了官……不让这山再绿起来，我就是杨村的千古罪人！有何面目去见列祖列宗啊？”

恼人的扶桑花

新来的王局长,没事喜欢背着手在院子里转。我们局的绿化还是很有特色的,重视立体化、多样化,铁栅栏上爬满了蔷薇,楼面上则是一片绿色的爬山虎,特别是院里那一片扶桑花,五彩缤纷,艳丽无比,特别让人心旷神怡,是我们局的特色一景。为了让大家更了解花木的特色,每片花前都竖了牌子,写明花木的名称、习性,比如扶桑花的牌子上就写着:扶桑又名朱槿,原产中国南部……

一天王局长黑着脸把办公室李主任叫来说:"院里一片扶桑花太扎眼了,换了吧……"李主任说:"王局长,你看,我们是个穷局,没多少资金,这么一换,怎么也要好几万块钱……再说我们地处闹市区,又是铁栅栏,老百姓从外面就能看到……影响颇坏,万一把电视台招来了……"

王局长生气地说:"你怎么这么啰嗦?让你换你就换!"

李主任不敢再说话,只好悻悻地退出来。然后就去联系农民工,找花木。谁奈如今到处都在搞花木绿化,竟然买不到合适的苗木。

等找到了,钱又不凑手,急得李主任嘴都起泡了。连在家里都唉声叹气,吃饭都不香。他老婆就问他:"你这是怎么了?"李主任说:"跟你说也白搭,单位要换花木……"老婆说:"详细说说,也许我能帮你呢?"

李主任叹口气,就把事情经过跟老婆说了一遍。

老婆说:“这个好办,你只要花上十块钱,一切OK。”

李主任说:“你是神仙啊？快说说……”

第二天,扶桑花圃前换了一块牌子:品名:芙蓉牡丹,芙蓉,骨骼清奇;牡丹,主富贵。芙蓉牡丹乃吉祥之花,种于院中,主院主富贵吉祥……

王局长背着手转圈的时候看到,满意地笑着回了办公室,再没提起换花之事,并且更器重李主任了。

李主任回到家,忍不住笑,问老婆:“你说怎么换块牌子,局长就高兴了呢?”

老婆说:“亏你还是中文系毕业的高材生,‘孔子不饮盗泉之水,恶其名也’。局长不喜扶桑之花,亦然。‘扶桑’音同‘服丧’,前局长脑溢血死在任上,他也是怕死啊……”

热线电话

刘强是电视台“为您办事”栏目的记者。一天值班的时候，接到一个来自东山县热线电话，称有重要线索要跟领导说。一般打电话的老百姓，都是一些纠缠、困扰自己很久的问题，自己认为是比天还大，可拿到桌面上来，也不过是一些鸡毛蒜皮的小事。因此刘强虽然只是一个刚刚来上班半年还没正式转正的记者，也打着官腔说：“你好，我就是主任。你可以跟我直接讲。”因为他发现别人值班都是这么说的，反正主任不主任在那边也看不到。

那边一个急切的声音说：“那好主任，我跟您讲。我们东山县是战国时期齐国的墓地，有很多地下文物，前几天陕西的一伙盗墓贼联系我，让我做内应，要在后山村盗墓。我不能看着我们的文物流失，所以恳请你们来关注一下此事，让有关部门勘测一下，地下是否真有宝贝，以便保护起来……”

此人说话口齿清楚，用词得当，看来不是脑子有问题的人。而且此事事关重大，刘强也不敢擅自做主，还是立即向真正的主任作了汇报。领导也很重视，毕竟这不是以往那些婆媳不和、孩子不听话一类的事情，不管如何，都应该派记者去看一看。况且老百姓如今对文物的事情关注度很高，这毕竟是能让人暴富的东西，不管是什么样的结果，提高收视率是没问题的。

刘强立即跟爆料人联系，自己跟一个摄像、司机三人组成简单的采访小组，对此事进行采访报道。

车子开到后山村，爆料人早在村口等着，看到刘强，急忙作自我介绍：“我叫吴福，就是打电话的人，在这里等很久了。”吴福四十来岁，穿着脏兮兮的体恤衫，脸上胡子拉碴，又对摄像说：“我是冒着生命危险来提供消息的，一定不能让我的脸上电视啊，而且声音也要处理一下。唉，那些人是亡命之徒，什么事情都干得出来。”刘强忙说：“是啊，这个您放心，您能关心我们的地下文物，我们对您很敬重，一定不能让您受到什么伤害。”吴福说：“那就行，那就行。要不我先领你们去他们要盗墓的地方看一看吧。”

路上，刘强轻生问吴福：“陕西的盗墓人最近跟你联系了吗？你们是怎么认识的？”吴福说：“我在陕西打过工，因此认识的。他们跟我讲了盗墓的地方，看我犹豫，这几天倒是没联系。”刘强说：“你可以把他的电话举报给公安部门，告诉我们也行……”吴福急忙说：“这可不敢！你这是要我的命啊。况且现在还没证据，公安也不抓他。”

说着到了吴福说的地方，在一个猪圈的后面，地点倒是蛮偏僻。遍地杂草、垃圾，从地面上看，根本看不出是古墓的样子。看刘强犹豫，吴福说：“你跟文物部门打电话，让他们来测一测，到底有没有东西。如果真是古墓，也好及时保护起来。”

刘强随即拨打了文物局的电话。那边沉默了好大一会儿，最后还是答应过来测一测。

过了一个多小时，文物局的车开来了，下来几个人，拿着仪器，在吴福说的地方测量了很久。最后一个戴眼镜的别人称他王局长的人，握着吴福的手说：“多谢你关心我们家乡的文物。此地确实有古墓，但可惜我们是文物大县，保护不过来啊。我会尽快向上级部门汇报，让他们安排一定的警力巡逻。”刘强不失时机地拍下了这感人的一幕。

回到电视台，因为别的工作太多，这事也就搁下了。可是关于盗墓的节目很多人关注，有些人打进电话，询问保护情况，希望能有后续的跟踪报道。刘强才又重新想起这个事情,急忙给吴福打电话,却总是关机状态,没办法,他又打通了东山县文物局那个王局长的电话。王局长对他说:"你们可以来对那个节目做后续报道,不过,现在那个吴福在看守所呢。"

刘强的心就一紧,这样的事情以前有过,一定是陕西那些盗墓贼对吴福打击报复,双方争斗,自卫过度一类。刘强深感愧疚,急忙汇报,希望去东山县看望吴福。

在东山县看守所门口,王局长早等在那儿。这次王局长比较主动,说:"你们一定没想到吧?能够探测古墓的仪器根本没有,而且就是有,我们也不会探的,现在的技术,让古墓继续留在地下才是最好的保护。这个,就是上次探测的那小伙子。"刘强一看,可不是吗,不过这次穿了威武的警服。

小伙子说:"最近一段时间,有一批盗墓贼在东山县疯狂活动,可是他们打一枪换一次地方,我们根本抓不住他们,好在他们也没盗到多少值钱的东西。一次一次的失败,他们彼此起了内讧,那个吴福自作聪明,想出了一个让我们用仪器先给他们探测好的办法,想要借鸡生蛋,没想到我们将计就计,请君入瓮,把他们一网打尽了!"

刘强下巴都要掉下来啦,说:"你是说吴福也是盗墓贼?"王局长往里一指:"现在不正在那儿嘛,你去采访一下吧。"

身份证丢了

在我们阳城，要想做个有身份的人，首先要有身份证。而我，确确实实的，身份证丢了。

可是，我并不知道丢哪儿了，而且不知道丢了。早晨起来一睁眼，发现睡过了头，早饭都没吃，抓起个面包就出了门。坐公交车肯定是来不及了，只好打的。的士倒是不少，一招手就停下一辆，我匆匆说着公司名，就要自己开门上车。可司机说："请出示你的身份证。"

我翻遍口袋都没有找到身份证，这才知道丢了。我就求司机："师傅，您帮帮忙，我的身份证丢了。"司机说："那可不行，现在这么乱，你没有身份证，我怎么确定你的身份？又怎么保证我的安全？"我说："你看就我这柔弱的身材，怎么都不像坏人吧？况且这大白天的……"司机并不听我解释，"吱"的一声把车开走了。

好歹到了单位，我们的大门是刷卡开的，不过人工也能开。看大门的老头却怎么也不给我开门，说："用身份证刷卡，资料都在里面，门自然就开了。"我说："师傅，我每天都来上班，您应该认识我。您给我打开门，我已经迟到了，我的身份证是真丢了……"老头说："公司里人很多，我是看你面熟，可也不能放你进去。领导会批评我的。还是请出示身份证吧，公事公办，别为难我。"

于是，因为没有身份证，我只好流浪街头。

想到我中午还没有饭菜，想去买一点，才发现我的身上竟没有一分钱。好在我是一个作者，身上还有几张稿费单子，去邮局提出来买点菜还是能够的。邮局的姑娘拿过单子看了看，说："请出示你的身份证。"我说："我的身份证丢了。钱也不多，能不能……""不能！"几张稿费单子就扔了出来。

看来，当务之急是得先到派出所补身份证了。民警同志听我说明了来意，说："请出示身份证。"我说："你们有没有搞错啊，我是来补身份证的。"民警说："那也不行。"我说："那怎么才行啊？"民警说："利用身份证犯罪的案例很多，有时照片跟本人差距很大，我们并不能根据身份证上的照片确定是不是你。没有身份证，你需到居委会开一个证明，并且至少要找三个能证明你就是身份证上的人的熟人签字。"

麻烦啊，拗口啊，没办法，先找个熟人去借点钱买午餐吧。

好在附近就有我的一个同学，一见到他我就说："我没有身份证，你该认识我吧？"同学过来摸摸我的额头，说："你是不是受了什么刺激啊？"我说："我还就真受了刺激了。"我把我的遭遇告诉了他，并且提了跟他借钱的事。同学倒挺好，把钱给了我，却说："你能不能给我打个借条，再附一张身份证复印件啊。"我晕了。

拿着钱，我想还是先去买点猪肉吧。卖猪肉的倒是不少，可我让师傅给我称好要付钱的时候，师傅却说："请出示身份证。"我说："买猪肉都要身份证吗？"师傅一指后面墙上贴的告示："市政府下的文件，必须出示身份证！"我一想，多说无益，咱不吃了还不行吗？师傅却还在说："没身份证，五十元一斤我们也不敢卖……"

买不到肉，咱吃点青菜总行了吧。可在准备切菜的时候，发现菜刀坏了。那就抓紧到楼下超市买把菜刀吧。选好了，要付钱的时候，收银员拿过一张表，说："把你的身份证等资料填一下。"我说："这也要身份证啊？"收银员说:“开什么玩笑？买菜刀实名制都好几年的事了。你不填,怕是没人敢卖给你……”

得了,我现在算懂了,有个身份证是多么重要,做一个有身份的人首先得有身份证啊！好在我还有个房子,要不怕是连旅馆都住不上,那还不真要饿死街头了。

后　记

曾经有一个人,每天都把佛祖的金身放到锅里煮。有人认为这是大逆不道,就去向佛祖告状。佛祖一笑说:我不入地狱,谁入地狱?没有一个修成正果的人,不经历煎熬,遭受蒸煮之苦又何尝不可?

祖祖辈辈都是农民,尊崇的是晴耕雨读。可当初我却削尖了脑袋考入国企,十五年,从青年到中年,贡献了一生中最美好的一段时光,却是画了一个圈,最后又归于"失地农民"的行列。抑郁、苦闷在所难免,在焦虑中徘徊,在痛苦中辗转……好在有文学支撑,挺过来,活得快乐而充实。

青州,曾是古九州之一,后来逐渐萎缩成了一个县级市,但却沉淀和积聚了太多的文化底蕴,也生就了那么一大批视文学为生命的文学发烧友。他们默默无闻,执着写作……

爱下棋的,背着一担柴看人下棋,一头午也舍不得放下柴;爱钓鱼的,寒冬腊月凿冰垂钓,脚上冻出了水泡也高兴;爱摄影的,为了拍一张太阳初升照雪山的照片,半夜起来冒着大雪爬到山上,摔得鼻青脸肿也愉快……不敢说铁肩担道义,也不敢说能写出名垂千古的妙文,只是为了一个追求,一种"听从内心的召唤"而已。

郑武文

2015年10月